Danny
声动英语

随书附赠音频和视频

英美发音
一本通

李 响
◎编著

U0337054

英美发音
自由选

攻克
听说难关

机械工业出版社
CHINA MACHINE PRESS

《英美发音一本通》是一本广泛适用于各个英语学习阶段的系统发音学习书。本书秉承"听、说、读、练"的理念，通过细致的基础知识讲解，为英语学习者提供全面而充实的音标教学内容，帮助读者构建系统的音标体系，掌握流利"听、说"的技巧。本书主要讲解美式发音和英式发音这两种当下最为流行的发音体系，也是主流英语考试在听力测试和口语测试环节最常使用的两大发音体系，为读者提供了高效且实用的学习方法。

　　全书共分为两个部分，第一部分是"美式发音50讲"，主要讲解KK美式音标；第二部分是"英式发音46讲"，主要讲解IPA国际音标。本书不仅提供单独音标的发音技巧，还将为大家详细介绍和展示40多种语音现象，包括连读、弱读、击穿、失去爆破等，以及很多之前一直被大家忽视的读音细节，而这些知识要点都直接决定着英语学习者的发音和听力能力。

　　专业电台英语播音员、主持人Danny老师（李响）会为大家示范每一个音标的发音，读者扫描书中的二维码即可观看学习。本书还会在每个发音讲解中列举常见的字母及字母组合和例词，同时还会辅以例句及中文译文，由浅入深地帮助大家掌握发音，解决"听、说"难题。

图书在版编目（CIP）数据

英美发音一本通 / 李响编著. — 北京：机械工业出版社，2024.4
（Danny声动英语）
ISBN 978−7−111−75579−1

Ⅰ.①英…　Ⅱ.①李…　Ⅲ.①英语 – 发音 – 自学参考资料
Ⅳ.①H311

中国国家版本馆CIP数据核字（2024）第071140号

机械工业出版社（北京市百万庄大街22号　邮政编码100037）
策划编辑：张若男　　　责任编辑：张若男
责任校对：孙铁军　　　责任印制：单爱军
保定市中画美凯印刷有限公司印刷
2024年5月第1版第1次印刷
169mm×239mm・14.5印张・290千字
标准书号：ISBN 978−7−111−75579−1
定价：69.80元

电话服务　　　　　　　　　网络服务
客服电话：010−88361066　　机　工　官　网：www.cmpbook.com
　　　　　010−88379833　　机　工　官　博：weibo.com/cmp1952
　　　　　010−68326294　　金　书　网：www.golden−book.com
封底无防伪标均为盗版　　机工教育服务网：www.cmpedu.com

PREFACE
前　言

　　今天我们的英语学习已经步入了一个新纪元，浩如烟海的媒体信息让更多人了解到了"真实的英文"：它不是课堂上复杂的语法公式，也不是一个个枯燥乏味的单词，而是一种有声有色、流畅悦耳的人类语言。

　　最早已知的书写文字可能要追溯到苏美尔的楔形文字和古埃及的象形文字，它们出现在公元前 3200 年左右。然而，人类的口头交流可以追溯到更早的时期，也许是数万年前。这便意味着，在文字出现之前，人类就已经通过声音进行交流了。

　　从生物学角度讲，人类和其他灵长类动物相比，具有更为复杂的声音产生器官，这让声音交流比书写文字更早地出现在了这个世界上。即使在今天，新生儿学习语言的第一步也是通过听和模仿声音，而不是通过阅读和书写文字进行的。

　　从我个人十几年的英语教学经验来看，如果一个学生能够掌握更出色的发音技巧，那么这个学生的听力水平也会得到显著的提高；更重要的是，他 / 她的英语学习兴趣也会得到大幅提升。所以，发音对于一个英语学习者和使用者来说至关重要，这也是我写这本书的主要原因。

　　在从事英语教育工作之前，我曾是一位电台英语播音员、主持人，准确清晰的英语发音是我的必备技能。经过细致的研究，我发现英语的发音体系是复杂和多变的。比如，在英语为母语的国家中，仅在英国就包括伦敦口音、西北英格兰口音、苏格兰口音等，而在美国则包括纽约口音、南方口音、波士顿口音等；在第二语言为英语的国家所讲的英语口音也不同，比如印度英语、新加坡英语、南非英语等。

　　那么，本书究竟要教给大家哪种英语发音呢？众所周知，全世界最为流行的两大英语发音体系分别是所谓的"英式发音"和"美式发音"。在各大主流英语考试中，除了一些测试会零星加入其他"口音"，大部分考试都会采用"英式发音"和"美式发音"，而对于口音问题，大家基本都会参考英国和美国的主流广播、电视等新闻媒体的主要发音形式。

　　因此，从发音的实用性出发，我将在本书中就"英式发音"和"美式发音"为大家带来详细的讲解和分析，力求用最为简洁和准确的语言，抓住英美发音的主要特征，教大家快速掌握发音要领。

　　为了更加清晰准确地为大家呈现英美发音的细节，我们采用了时下比较流行的两大音标系统：IPA 国际音标和 KK 美式音标。那作为英语学习者应该选择哪种进行学习呢？答案是：喜欢哪个就选哪个。有趣的是，即便口音不同，英国人也可以轻松听懂美国人说话，反之亦然。所以无论在"英式发音"和"美式发音"中做何选择，都不会影响听力。近期，一些主流考试也越来越倾向于将两种发音均衡分配，所以选择其中一种学习即可。如果你对语音学习有强烈的兴趣，那你便可以像我一样，把两种发音融会贯通，将来做个英语主持人或者在脱口秀舞台上一展身手也不错。

　　如今，出版形式多种多样，这为本书的写作提供了良好的契机。不难发现，仅仅以"文字"形式呈现一套"发音"指南恐怕无法奏效。于是在本书中，我们采用了方便读者使用的扫码功能，读者通过简单的操作即可获得书中知识点的示范音频和视频讲解。所有的示范音频和视频均由我本人录制，我将把每一个发音细节呈现给大家。

　　为了最大限度地让广大读者了解英美发音的全部细节，本书内容设置了以下板块。

　　一、发音示范：摄影师拍摄了我发每个音时不同角度的口形图，因为本人相貌平平，唯独嘴唇丰润饱满，所以请读者在学习的过程中主要关注我的嘴部特写。

　　二、Danny 老师的发音秘诀：我会把我当年突破这个发音难关的心得总结出来写在书中，希望我的实战经验能为你的发音练习加油助力。

　　三、常见字母及字母组合：结合"自然拼读"知识，我会为读者介绍每个发音对应的字母及字母组合，读者通过本书的学习也会不断积累和强化单词拼读和记忆方法。

　　四、实战演练：单个发音放在句子里才能"活"起来，在句子中也会出现"连读""失去爆破""击穿"等语音现象，这些语音现象还需要大家慢慢体会。

　　五、发音对比：本部分主要讲解常见的易混淆发音，我会将这些易混发音做对比，一个一个亲自示范，掰开了揉碎了帮你搞清楚。

　　本书的写作凝聚了很多同事和朋友的心血，在此我想特别感谢我的教研团队，其中唐梦省老师从图书编写的一开始就负责书稿全部内容的整理和编排工作；我的另一位同事卢正莉老师也在一年间不断地和出版社沟通，针对出版要求调整和完善内容。

　　还有很多伙伴来不及在此一一致谢。

　　希望我们的努力能为英语学习者和爱好者呈现一本实用、专业、用心的书，也希望这本书能成为你英语学习的"发音宝典"，它将伴你在语言学习的道路上不断进步、成长。

李响（Danny 老师）

前言

Part 1
美式发音 50 讲

Part 2
英式发音 46 讲

英美发音一本通

Part 1
美式发音
50 讲

第1讲 IPA 国际音标与 KK 音标

■ 什么是 IPA 国际音标?

IPA（International Phonetic Alphabet）国际音标最早源于 1888 年，由国际语音协会制定，是一套用来标注发音的系统，以拉丁字母为基础。国际音标遵循"一音一符，一符一音"的原则，最初用于为印欧语言、非洲语言等标音。因此，国际音标是设计用来标注世界上各种语言的发音的，但由于它并不能完美地直接适配于每一种语言，所以很多语言学家基于国际音标做一定的修改来标记他们所研究的语言，比如 DJ 音标。DJ 音标标注系统源于 IPA 国际音标，用于标注英音，也是我们平时所说的（狭义）国际音标（IPA）。本书所讲的 IPA 国际音标指狭义的国际音标（IPA）。

Danny 老师提示

■ 什么是 KK 音标?

KK（Kenyon & Knott Phonetic Symbols）音标是美国语言学者 John S. Kenyon 和 Thomas A. Knott 根据国际音标（IPA）所编的描述美国英语的发音词典——*A Pronouncing Dictionary of American English*（1944，1953）里所用的发音符号，通称 KK 音标。

KK 音标即美式音标，KK 音标虽然是国际音标的一种，但只能用于标注美音，所使用的符号均从前面提到的国际音标（IPA）符号而来，两位美国语言学家 Kenyon 和 Knott 仅将其中适用于美式英语的符号截取出来，再加上美音特有的卷舌音，变成了美式英语的 KK 音标，这是一套最常用也是最权威的注音法，从此人们把美语标准发音惯称为 KK 音标。日常生活中，人们把 KK 音标当作美式音标的代表。

Danny 老师提示

IPA 国际音标与 KK 音标对比表

■ 单元音

IPA	KK	IPA	KK
/iː/	/i/	/ə/	/ə/
/ɪ/	/ɪ/		/ɚ/
/uː/	/u/	/ɑː/	/ɑ/
/ʊ/	/ʊ/		/ɑr/
/ɔː/	/ə/	/ʌ/	/ʌ/
	/ɔr/	/e/	/ɛ/
/ɒ/	/ɑ/	/æ/	/æ/
/ɜː/	/ɝ/		

■ 双元音

IPA	KK	IPA	KK
/eɪ/	/e/	/ɔɪ/	/ɔɪ/
/aɪ/	/aɪ/	/ʊə/	/ʊr/
/əʊ/	/o/	/ɪə/	/ɪr/
/aʊ/	/aʊ/	/eə/	/ɛr/

■ 辅音

IPA	KK	IPA	KK
/p/	/p/	/h/	/h/
/b/	/b/	/r/	/r/
/t/	/t/	/tʃ/	/tʃ/
/d/	/d/	/dʒ/	/dʒ/
/k/	/k/	/tr/	/tr/
/g/	/g/	/dr/	/dr/
/f/	/f/	/ts/	/ts/
/v/	/v/	/dz/	/dz/
/s/	/s/	/m/	/m/
/z/	/z/	/n/	/n/
/θ/	/θ/	/ŋ/	/ŋ/
/ð/	/ð/	/l/	/l/
/ʃ/	/ʃ/	/w/	/w/
/ʒ/	/ʒ/	/j/	/j/

第 2 讲　长元音 /i/
——失去爆破和加音连读

扫码看发音口
形示范视频

01 发音示范

02 Danny 老师的发音秘诀

嘴巴几乎闭上，上嘴角向两侧拉；

舌尖抵住下齿，嘴角尽量往两边移动；

发出类似中文"一"的音，但声音要拉长些。

03 常见字母及字母组合

e	me	he	we
ea	meat	feat	lead
ie	field	piece	chief
ee	feet	seed	tree

■ 读单词，注意高亮部分的发音。

eat /it/   he /hi/   piece /pis/   field /fild/

■ 读句子，注意高亮部分的发音。

- Feel free to visit me. 随时来看我。

  /fil fri tu 'vɪzɪt mi/

- Seeing is believing. 眼见为实。

  /'siɪŋ ɪz bɪ'livɪŋ/

04 本讲知识要点

不是付出努力就能成功，而是在正确的方向
上努力才能成功！

Danny 老师
金句分享

✓ 失去爆破和加音连读

■ 失去爆破

前一个单词以爆破音（/p/ /b/ /t/ /d/ /k/ /g/）结尾，后一个单词以辅音音素开头，前一个爆破音不发音，只做发音的口形。

- visit me
- big mouse
- it looks

- eat lunch
- good morning
- red hat

■ 加音连读

如果前一个单词以元音 /i/ /ɪ/ 或 /e/ /aɪ/ /ɔɪ/ 结尾，后一个单词以元音音素开头，那么，朗读时在前一个单词的后面加上一个辅音 /j/，两个单词连读。

- say (j) it
- I (j) am

- see (j) again
- may (j) I

05 实战演练

- She sells seashells by the seashore.
- The shells she sells are surely seashells.
- So if she sells shells on the seashore, I'm sure she sells seashore shells.

扫码收听
本讲音频

第 3 讲 短元音 /ɪ/

——爆破音和美音浊化

扫码看发音口
形示范视频

 **发音示范**

02 Danny 老师的发音秘诀

短 "一" 音，发音时比发 /i/ 时要更使劲一点儿，舌尖抵下齿，振动声带。

03 常见字母及字母组合

a	village	cabbage	message
e	before	become	decide
i	big	sit	live

■ **读单词，注意高亮部分的发音。**

sit /sɪt/   did /dɪd/   decide /dɪ'saɪd/   give /gɪv/

■ 读句子，注意高亮部分的发音。

- I live in a big city. 我住在一个大城市。

  /aɪ lɪv ɪn ə bɪg ˈsɪtɪ/

- I feel a little bit sick. 我有点儿不舒服。

  /aɪ fil ə ˈlɪtl bɪt sɪk/

04 本讲知识要点

正确模仿之后才能不断练习，低头走路的
同时别忘了抬头看路哦。

Danny 老师
金句分享

✔ 爆破音和美音浊化

■ 爆破音

爆破音共有三对，分别是 /p/ 与 /b/，
/t/ 与 /d/，/k/ 与 /g/。

■ 美音浊化

在一个单词中，处于非重读音节的清
辅音位于两个元音音素之间时要浊化。

- stop
- feet
- bike

- stab
- feed
- bag

- city
- pretty
- better

- duty
- happy
- letter

05 实战演练

- Bill is a silly fish.
- Silly Billy swiftly swam south with the slippery fish.
- Lizzy's fizzy drink quickly made her feel dizzy.
- It's Billy's kitten sitting in the kitchen.

扫码收听
本讲音频

06 播音员 Danny 的超级训练：/i/ /ɪ/ 发音对比

> 发音对比：
> ○ /i/ 是长元音，嘴形比较扁平，嘴角尽量往两边移动。
> ○ /ɪ/ 的发音很短促，发音时要比发 /i/ 时更使劲。

meat 肉　　　　　sheep 绵羊　　　leap 跳跃

mitt 棒球手套　　ship 大船　　　lip 嘴唇

07 小试牛刀

■ 试试朗读下面的单词，并思考 /i/ 和 /ɪ/ 的发音有什么区别。

beat—bit　　　　feel—fill　　　heat—hit

sheep—ship　　　seat—sit　　　wheel—will

■ 试试朗读下面的句子，感受 /i/ 和 /ɪ/ 的发音区别。

/i/

- I need not your needles; they are needless to me.
- See the breeze teasing the tree, weaving the leaves, and shaking them free.
- We see some sheep and bees.
- To beat the heat, he eats lots of ice cream.

/ɪ/

- It's Billy's kitten sitting in the kitchen.
- Why is Silly Billy silly?
- Why does Silly Billy love lily?
- Silly felt a little bit sick.

第 4 讲 长元音 /u/

——弱读

扫码看发音口
形示范视频

01 发音示范

02 Danny 老师的发音秘诀

发此音时，嘴形和汉语拼音的 u 相似，但更扁一些。

上下唇微微噘起，留一个小孔，上下齿接近闭
合，振动声带。

03 常见字母及字母组合

o	lose	move	shoe
oo	boot	food	school
u	blue	clue	flute
ew	blew	grew	drew

- 读单词，注意高亮部分的发音。

  moon /mun/   true /tru/   do /du/   flew /flu/

- 读句子，注意高亮部分的发音。

  - Let's go to school. 我们去上学吧。

    /lɛts go tu skul /

  - I enjoy losing face. 我喜欢丢脸。

    /aɪ ɪn'ʤɔɪ 'luzɪŋ fes/

04 本讲知识要点

再小的努力，乘以 365 天效果都很明显。

Danny 老师
金句分享

✔ 弱读

在句子中，虚词一般弱读，虚词不承担实际含义。虚词包含介词、代词、连词、情态动词等。

附：常见的弱读单词

介词	强读式	弱读式
at	/æt/	/ət/
for	/fɔr/	/fər/
of	/ʌv/	/əv/
and	/ænd/	/ənd/（或 /ən/ /n/）
but	/bʌt/	/bət/
to	/tu/	/tə/
your	/jʊr/	/jər/
some	/sʌm/	/səm/
can	/kæn/	/kən/

05 实战演练

- One-One was a racehorse. Two-Two was one, too.
- When One-One won one race, Two-Two won one, too.
- If Stu chews shoes, should Stu choose the shoes he chews?
- Roofs of mushrooms rarely mush too much.

扫码收听
本讲音频

第 5 讲　短元音 /ʊ/

——"/r/ + 元音"连读

扫码看发音口
形示范视频

01 发音示范

02 Danny 老师的发音秘诀

发音时嘴唇稍微噘起，形成的气孔比发 /u/ 音时要大一些，
上下齿微张，声带部分的肌肉略微紧张，振动声带。

03 常见字母及字母组合

oo	cook	book	foot
u	push	pull	full
ou	would	should	could

■ 读单词，注意高亮部分的发音。

good /gʊd/　　　look /lʊk/　　　could /kʊd/　　　put /pʊt/

■ 读句子，注意高亮部分的发音。

- It looks good. 看上去挺好的。
  /ɪt lʊks gʊd/
- You should go there on foot. 你应该步行去那里。
  /ju ʃʊd go ðɛr ɑn fʊt/

04 本讲知识要点

专注你的梦想，做自己的英雄。

Danny 老师
金句分享

✔ "/r/ + 元音"连读

　　在同一个意群中，当前一个单词以字母组合 re 结尾，发 /r/ 音，后一个单词以元音音素开头，则这两个单词要连读。

- go there on foot
- here and there
- there is
- there are
- where is
- where are

05 实战演练

- Underwood would read a book.
- If Underwood knew where his book was.
- Underwood's book was in Durwood's woods.
- Underwood went into Durwood's woods and got his book.

扫码收听
本讲音频

06 播音员 Danny 的超级训练：/u/ /ʊ/ 发音对比

> 发音对比：
> ◎ /u/: 嘴巴嘟起来，留一个小的出气口。
> ◎ /ʊ/: 嘴巴比发 /u/ 时张得大一些，声带部分的肌肉略微紧张。

food 食物　　　fool 蠢人　　　boot 靴子
foot 脚　　　　full 充满　　　book 书

07 小试牛刀

■ 试试朗读下面的单词，并思考 /u/ 与 /ʊ/ 的发音有什么区别。

loose—look　　mood—wood　　food—good
cool—cook　　shoe—should　　tooth—took

■ 试试朗读下面的句子，感受 /u/ 与 /ʊ/ 的发音区别。

/u/

- I never go to school at two in the afternoon.
- My tooth is loose. I'm in a bad mood.
- I am like a fool in these boots.
- Stu drew a blue moon.

/ʊ/

- The cookbook looks good.
- Could you cook a meal for me?
- You should put away your book.
- You should pull the string and push the button.

第6讲 长元音 /ɔ/

——美音 /ɑ/ 和单词内失爆

扫码看发音口
形示范视频

01 发音示范

02 Danny 老师的发音秘诀

发音时嘴巴张开，嘴唇收圆，稍向前突出。
舌头自然垂放，振动声带。

03 常见字母及字母组合

al	fall	ball	walk
aw	draw	saw	paw
au	cause	pause	taught

■ 读单词，注意高亮部分的发音。

call /kɔl/

law /lɔ/

because /bɪˈkɔz/

bought /bɔt/

■ 读句子，注意高亮部分的发音。

- Let's play football. 我们去踢足球吧。

  /lɛts ple 'futbɔl/

- I fall in love with basketball. 我爱上了篮球。

  /aɪ fɔl ɪn lʌv wɪð 'bæskɪtˌbɔl/

04 本讲知识要点

成功的秘诀就是每天都比别人多努力一点儿。

Danny 老师
金句分享

✔ **美音 /ɑ/ 和单词内失爆**

■ 美音 /ɑ/

KK 音标中并不存在与 IPA 音标中 /ɒ/ 对应的短音。IPA 音标中短音 /ɒ/ 对应的是 KK 音标中的长音 /ɑ/。

- hot
- pot
- top
- mop
- fox
- box

■ 单词内失爆

当爆破音和辅音音素相邻，出现在单词内部时，爆破音不发音，只做口形。

- football
- basketball
- picture
- friendly
- advice
- blackboard

05 实战演练

- I saw Esau kissing Kate. I saw Esau, he saw me, and she saw I saw Esau.
- Paul called from the hall that he had slipped on the floor and couldn't get to the door.
- Red lorry, yellow lorry, green lorry.
- Tall Paul ate some awful corn sauce.

扫码收听
本讲音频

第 7 讲　长元音 /ɑ/

——the 读音的变化

扫码看发音口
形示范视频

01 发音示范

02 Danny 老师的发音秘诀

　　类似中文"啊"的发音,但嘴巴张开的幅度要更大。

　　上下唇、齿全部打开,舌头自然平放,舌尖不抵下齿,舌头也不要卷起,振动声带。

03 常见字母及字母组合

o	box	fox	dot
a [ɑ]	watch	want	waffle

- 读单词,注意高亮部分的发音。

not /nɑt/　　　hot /hɑt/　　　what /wɑt/　　　wash /wɑʃ/

■ 读句子，注意高亮部分的发音。

- The fox is not in the box. 狐狸不在箱子里。

  /ðə fɑks ɪz nɑt ɪn ðə bɑks/

- I need some hot water. 我需要一些热水。

  /aɪ nid sʌm hɑt ˈwɔtɚ/

04 本讲知识要点

读书是学习，使用也是学习，而且是
更重要的学习。

Danny 老师
金句分享

✔ the 读音的变化

the 的读音和后面单词的发音有关，
如果后面紧跟着的单词以辅音音素开头，
则读 /ðə/；如果后面紧跟着的单词以元音
音素开头，则读 /ði/ 或 /ðɪ/。

读 /ðə/：

- the book   • the girl
- the cake

读 /ði/ 或 /ðɪ/：

- the apple   • the orange
- the end

05 实战演练

- This is not what I want.
- The box is full of a lot of waffles.
- Sara likes hot pot a lot.
- The taxi showed up on the dot.

扫码收听
本讲音频

第 8 讲　卷舌元音 /ɑr/

——got to 的缩读

01 发音示范

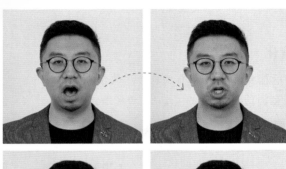

扫码看发音口
形示范视频

02 Danny 老师的发音秘诀

　　先发 /ɑ/ 的音，但因为受到 /r/ 的影响，嘴巴不要完全张开，然后将舌头卷起，发出的音类似中文"阿尔"的发音。

03 常见字母及字母组合

| ar | party | dark | farm |

■ 读单词，注意高亮部分的发音。

far /fɑr/　　　　park /pɑrk/　　　　hard /hɑrd/　　　　large /lɑrʤ/

■ 读句子，注意高亮部分的发音。

• I got a new car. 我买了一辆新车。

/aɪ gɑt ə nu kɑr/

• She's so sharp. 她是如此聪明。

/ʃiz so ʃɑrp /

04 本讲知识要点

人生路上没有永远的成功，只有永远的奋斗。

Danny 老师
金句分享

✔ **got to 的缩读**

got to 在口语表达中很常见，它的缩读为 gotta，意思是 have to "不得不"。

• I gotta go.
• I gotta look at it.
• I gotta smoke.
• I gotta write the letter.

05 实战演练

• There are artful artists and awful artists. Although there are a lot of artful artists, awful artists occur often.
• Carl parked his car far in the yard.
• The star at the bar plays a hard guitar.
• The guard in the yard works hard.

扫码收听
本讲音频

第9讲 短元音 /ʌ/
—— /ʌ/ 的弱读

扫码看发音口
形示范视频

01 发音示范

02 Danny 老师的发音秘诀

发音时，嘴巴微张，脸部肌肉放松，舌头自然平放，
舌尖轻轻抵住下齿龈，振动声带，声音有力且短促。

03 常见字母及字母组合

u	run	duck	jump
o	mother	come	money
ou	touch	country	double

■ 读单词，注意高亮部分的发音。

but /bʌt/　　　love /lʌv/　　　luck /lʌk/　　　trouble /'trʌbl/

■ 读句子，注意高亮部分的发音。

- Never trouble troubles until trouble troubles you. 不要自找麻烦。

  /'nɛvɚ 'trʌbl 'trʌblz ən'tɪl 'trʌbl 'trʌblz ju/

- I love you. 我爱你。

  /aɪ lʌv ju/

04 本讲知识要点

选一个方向，定一个时间，剩下的只管努力
与坚持，时间会给我们最后的答案。

Danny 老师
金句分享

✔ /ʌ/ 的弱读

在句子中，虚词一般弱读，弱读的方式大致为长元音变短元音；其他元音的发音均向更容易发的中元音 /ə/ 靠拢。比如 /ʌ/ 弱读为 /ə/。

- I want to go out with you, but I can't.
- Would you like some coffee?
- Would you like a cup of tea?

05 实战演练

- Ducks clucked under the docks with a ducker in duck ducking into the dark.
- The duck can jump and run, but it can't fly.
- It's just for fun or for love.
- I come from a beautiful country.

扫码收听
本讲音频

06 播音员 Danny 的超级训练：/ɑ/ /ʌ/ 发音对比

> 发音对比：
> ◎ /ɑ/：嘴巴张大，上下唇、齿全部打开，舌头自然平放，舌尖不抵下齿，舌头也不要卷起。
> ◎ /ʌ/：嘴巴微张，舌头自然平放，舌尖轻轻抵住下齿龈，声音短促有力。

lock 锁　　　　shot 射击　　　cop 警察
luck 幸运　　　shut 关闭　　　cup 杯子

07 小试牛刀

■ 试试朗读下面的单词，并思考 /ɑ/ 与 /ʌ/ 的发音有什么区别。

fond—fund　　　　　　　robber—rubber
stock—stuck　　　　　　dock—duck
hot—hut　　　　　　　　father—mother

■ 试试朗读下面的句子，感受 /ɑ/ 与 /ʌ/ 的发音区别。

/ɑ/

- My father is fond of hot pot.
- The cop should shot that robber.
- Sara likes waffles a lot.
- The fox is in that box on the grass.

/ʌ/

- I love my mother very much.
- He does love ducks.
- I am stuck in this hut.
- I have a rubber and a cup with luck.

第10讲 卷舌元音 /ɝ/

——/t/ 的浊化（一）

扫码看发音口
形示范视频

01 发音示范

02 Danny 老师的发音秘诀

发这个音时，先发 /ʌ/，同时将舌头向后卷起，振动声带。

/ɝ/ 只出现在单音节或两个及两个以上音节单词中的重读部分。

03 常见字母及字母组合

ir	first	shirt	skirt
ur	hurt	nurse	turkey
ear	earn	earth	early
or	word	worker	worry

■ 读单词，注意高亮部分的发音。

bird /bɝd/   turn /tɝn/   learn /lɝn/   work /wɝk/

■ 读句子，注意高亮部分的发音。

- I work in a nursery school. 我在幼儿园工作。

  /aɪ wɝk ɪn ə ˈnɝsərɪ skul/

- This is my first purpose. 这是我的第一个目的。

  /ðɪs ɪz maɪ fɝst ˈpɝpəs/

04 本讲知识要点

没有经历过逆境的人不知道自己的力量。

Danny 老师
金句分享

✔ /t/ 的浊化（一）

在美式发音中，单词非重读音节中的清辅音往往要浊化，最常见的就是 /t/ 浊化为 /d/，而英音没有这一变化，这也是英音和美音的一个显著区别。

- water
- better
- later

- daughter
- later
- city

05 实战演练

- The girl in a shirt is a nurse.
- The girl with curls twirled her skirt and swirled in the whirlpool.
- The first bird heard a word and stirred.
- Herbs hurt her tongue and she slurped her soup.

扫码收听
本讲音频

第11讲 短元音 /ə/ 与卷舌元音 /ɚ/

——辅音与元音连读

扫码看发音口
形示范视频

01 发音示范

/ə/

/ɚ/

02 Danny 老师的发音秘诀

发 /ə/ 时，嘴形和舌头位置与 /ʌ/ 一致，但是 /ə/ 的发音要比 /ʌ/ 轻很多。

/ʌ/ 一般出现在重读音节中，而 /ə/ 多出现在两个及两个以上音节单词中的非重读音节部分。

/ɚ/ 的发音和 /ɝ/ 相同，先发 /ʌ/，同时将舌头向后卷起，振动声带。

/ɚ/ 只出现在两个及两个以上音节单词中非重读音节部分。

03 常见字母及字母组合

ou	humorous	delicious	dangerous
o	biology	occur	psychology
er	dancer	driver	writer
or	tailor	anchor	actor

■ **读单词，注意高亮部分的发音。**

pilot /'paɪlət/   famous /'feməs/   purpose /'pɜˑpəs/

teacher /'titʃɚ/   doctor /'dɑktɚ/   actor /'æktɚ/

■ **读句子，注意高亮部分的发音。**

- My teacher is a famous actor. 我的老师是一位有名的演员。

  /maɪ 'titʃɚ ɪz ə 'feməs 'æktɚ/

- The pleasure is mine. 这是我的荣幸。

  /ðə 'plɛʒɚ ɪz maɪn/

04 本讲知识要点

努力把平凡的日子堆砌成伟大的人生。

Danny 老师
金句分享

✔ **辅音与元音连读**

如果相邻的两个单词前一个单词以辅音音素结尾，后一个单词以元音音素开头，则这两个单词要连读。

- pick up
- come in
- not at all
- look at
- stand up
- have a nice day

05 实战演练

- The bottom of the butter bucket is the buttered bucket bottom. "The bun is better buttered," Buffy muttered.
- My father is a famous singer and actor.
- My mother is a famous anchor and writer.
- This is a good idea about being a dancer.

扫码收听
本讲音频

第 12 讲　短元音 /ɛ/

——击穿技巧（一）

扫码看发音口
形示范视频

01 发音示范

02 Danny 老师的发音秘诀

嘴唇向两侧微微分开，上下齿之间大约可容纳一个小指头尖的距离；

舌头平放，舌尖轻轻抵住下齿，脸部肌肉放松，振动声带。

03 常见字母及字母组合

ea	bread	sweater	feather
a	any	many	says
e	pet	bet	desk

■ 读单词，注意高亮部分的发音。

head /hɛd/   many /'mɛnɪ/   bed /bɛd/   let /lɛt/

■ 读句子，注意高亮部分的发音。

- His head rested on the desk. 他的头靠在桌子上。

  /hɪz hɛd 'rɛstɪd ɑn ðə dɛsk/

- Well done is better than well said. 说得好不如做得好。

  /wɛl dʌn ɪz 'bɛtɚ ðæn wɛl sɛd/

04 本讲知识要点

书山有路勤为径，学海无涯苦作舟。

Danny 老师
金句分享

✔ 击穿技巧（一）

一个单词以辅音音素结尾，遇到的下一个单词以 /h/ 开头，这时候 /h/ 的发音就会省略；这个辅音音素会直接和 /h/ 后紧跟的元音音素形成连读。

- his head
- tell her
- ask him

- help her
- dark horse
- right here

05 实战演练

- Eddie's enemies envied Eddie's energy, but Eddie never envied his enemies' energy.
- A pleasant peasant keeps a pleasant pheasant and both the peasant and the pheasant are having a pleasant time together.
- Seventy-seven benevolent elephants.
- Eddie eats eight extra eggs every evening.

扫码收听
本讲音频

第 13 讲　短元音 /æ/

——英美发音差异

扫码看发音口
形示范视频

01 发音示范

02 Danny 老师的发音秘诀

嘴形比发 /ɛ/ 时更大，嘴巴张开，使下巴尽量往下拉，嘴角肌肉有绷紧感。

舌头平放，舌尖抵住下齿，振动声带。

03 常见字母及字母组合

a	cat	bag	class	flag

■ 读单词，注意高亮部分的发音。

bad /bæd/　　　fat /fæt/　　　after /ˈæftɚ/　　　laugh /læf/

■ 读句子，注意高亮部分的发音。

- You have a bad attitude. 你的态度不好。

  /ju hæv ə bæd 'ætɪtud/

- Good afternoon. 下午好。

  /gʊd ˌæftɚ'nun/

04 本讲知识要点

一个人的成功不取决于他的智慧，
而是毅力。

Danny 老师
金句分享

✔ **英美发音差异**

　　有一些单词美式发音发 /æ/，对应的
英式发音发 /ɑː/。通常是当字母 a 后面有
字母 s, f 时，/ɑː/ 会变成 /æ/。

- class
- pass
- fast

- glass
- afternoon
- last

05 实战演练

- How many yaks could a yak pack if a yak pack could pack yaks?
- Alice asks for axes.
- A black bat bit a big black bug.
- Sam packed his backpack with snacks for the camping trip.

扫码收听
本讲音频

06 播音员 Danny 的超级训练：/ɛ/ /æ/ 发音对比

> 发音对比：
> - /ɛ/：嘴唇向两侧微微分开，舌头平放，舌尖轻轻抵住下齿，脸部肌肉放松。
> - /æ/：嘴形比发 /ɛ/ 时更大，嘴巴张开，舌头平放，舌尖抵住下齿，嘴角肌肉有紧绷感。

bed 床　　　　　pen 钢笔　　　　pet 宠物
bad 坏的　　　　pan 平底锅　　　pat 轻拍

07 小试牛刀

■ 试试朗读下面的单词，并思考 /ɛ/ 与 /æ/ 的发音有什么区别。

head—had　　said—sad
set—sat　　　hem—ham
beg—bag　　shell—shall

■ 试试朗读下面的句子，感受 /ɛ/ 与 /æ/ 的发音区别。

/ɛ/

- Eddie said he had a headache.
- Ten men fed the pigs in the pen.
- Ten beggars said "Merry Christmas".
- Ella loves pets and shells.

/æ/

- I had a bad day. I am sad.
- The girl with a bag had some ham.
- I pat a black cat.
- Don't laugh at that man.

第 14 讲 双元音 /e/
—— 动词结尾 -ed 的读法

01 发音示范

扫码看发音口
形示范视频

02 Danny 老师的发音秘诀

/e/ 由 /ɛ/ 和 /ɪ/ 构成，发音时先发 /ɛ/，再发 /ɪ/，中间不停顿，一气呵成。

03 常见字母及字母组合

ea	break	steak	great
ay	day	play	stay
ai	train	rain	drain
a_e	make	take	lake

- 读单词，注意高亮部分的发音。

say /se/   great /gret/   today /tə'de/   rain /ren/

- 读句子，注意高亮部分的发音。

- It's a great day today. 今天是美好的一天。

/ɪts ə gret de tə'de/

- He tasted the cake. 他尝了尝蛋糕。

/hi 'testɪd ðə kek/

04 本讲知识要点

先相信你自己，然后别人才会相信你。

Danny 老师
金句分享

✔ 动词结尾 –ed 的读法

以辅音 /t/ 或 /d/ 结尾的规则动词，变过去式、过去分词后，词尾 -ed 发 /ɪd/，有时也弱读成 /əd/。

- tasted
- ended
- added
- wanted
- invited
- rented

05 实战演练

- Bake a cake for Kate. She'll be late.
- A plate of cake was placed on a lake by a fake snake.
- The rain in Spain stays mainly on the plain.
- May I pay my bill with an eight-dollar bill today?

扫码收听
本讲音频

第 15 讲　双元音 /aɪ/

——句子的意群划分

01 发音示范

扫码看发音口
形示范视频

02 Danny 老师的发音秘诀

/aɪ/ 由 /a/ 和 /ɪ/ 构成，发音时先发 /a/，再发 /ɪ/，中间不停顿，一气呵成。

03 常见字母及字母组合

y	sky	my	type
i	pie	tie	lie

■ 读单词，注意高亮部分的发音。

fly /flaɪ/　　　　high /haɪ/　　　　　die /daɪ/

line /laɪn/　　　shine /ʃaɪn/

■ 读句子，注意高亮部分的发音。

- Don't be shy; just try. 别害羞，试一试吧。

　/dont bi ʃaɪ ʤʌst traɪ/

- I like white. 我喜欢白色。

　/aɪ laɪk waɪt/

04 本讲知识要点

你可以走慢点儿，但千万别后退。

Danny 老师
金句分享

✔ **句子的意群划分**

　　将一个稍长的句子按意思和结构划分成若干个具有一定意义的部分，每个部分即一个意群。读句子时可以根据意群进行适当的停顿，让句子听起来更有节奏感。

- Don't be shy; / just try.（根据标点符号）
- I need to / get my friend / to help me / to shoot a video.（根据语义）
- Ronnie and Sally / went hiking / last weekend.（根据语义）
- The girl on the cover / looks very pleased.（根据语法）

05 实战演练

- There is a pie in my eye. Will I cry? Will I die? Though I am shy, I will not lie. It might cause a sty, but I deny that I will die or cry from the pie in my eye.
- High in the sky, the fly flew by.
- Buy a pie, bye-bye; don't be shy.
- Try to tie a fly on a dry line; then fry the fish you catch.

扫码收听
本讲音频

第16讲 双元音 /o/
——单词的音节

01 发音示范

扫码看发音口
形示范视频

02 Danny 老师的发音秘诀

/o/ 由 /ə/ 和 /ʊ/ 构成，发音时先发 /ə/，再发 /ʊ/，中间不停顿，一气呵成。

03 常见字母及字母组合

ow	low	slow	bowl
oa	goat	loaf	throat
o	no	so	told

■ 读单词，注意高亮部分的发音。

know /no/   boat /bot/   toe /to/

snow /sno/   road /rod/   foe /fo/

■ 读句子，注意高亮部分的发音。

- I've told you so. 我已经告诉过你了。

  /aɪv told ju so/

- I know what you mean. 我明白你的意思。

  /aɪ no wɑt ju min/

04 本讲知识要点

成功有两个秘诀，一个是坚持到底，一个是永不放弃。

Danny 老师
金句分享

✔ 单词的音节

一般情况下，一个单词有几个元音音素就有几个音节。但是英语辅音字母中有 4 个响音辅音音素 /m/、/n/、/ŋ/、/l/，它们和爆破音或摩擦音结合时，也可以构成音节。它们构成的音节往往出现在词尾，一般是非重读音节。

只有一个音节的单词叫作单音节词，有两个音节的单词叫作双音节词，超过两个音节的单词叫作多音节词。

单音节词：
- sit
- make

双音节词：
- sis-ter
- ta-ble

多音节词：
- beau-ti-ful
- ge-o-gra-phy

05 实战演练

- Row, row, row your boat gently down the stream.
- Don't go broke, trying to make a joke about smoke and fog.
- The slow snow falls softly through the night.
- The oboe and cello sat alone, echoing tone for tone.

扫码收听
本讲音频

美式发音50讲

第17讲 双元音 /aʊ/
——元音连读

01 发音示范

扫码看发音口
形示范视频

02 Danny 老师的发音秘诀

/aʊ/ 由 /a/ 和 /ʊ/ 构成，发音时先发 /a/，再发
/ʊ/，中间不停顿，一气呵成。

03 常见字母及字母组合

ow	how	bow	wow
ou	aloud	outside	mouse

■ 读单词，注意高亮部分的发音。

house /haʊs/　　now /naʊ/　　cow /kaʊ/

shout /ʃaʊt/　　loud /laʊd/

■ 读句子，注意高亮部分的发音。

- How about you? 你呢？

  /haʊ ə'baʊt ju/

- I'll think about it. 我会考虑的。

  /aɪl θɪŋk ə'baʊt ɪt/

04 本讲知识要点

天才是百分之一的天赋加上百分之九十九的汗水。

Danny 老师
金句分享

✔ 元音连读

前一个单词以长元音 /u/ 或短元音 /ʊ/ 结尾（双元音 /aʊ/、/əʊ/ 也是以短元音 /ʊ/ 结尾），后一个单词以元音开头，则两个单词之间加 /w/ 连接。

- do(w) it
- go(w) away
- who(w) else
- go(w) on
- no(w) end
- how(w) about

05 实战演练

- The loudest hound in town bow-wowed at a mouse.
- A loud crowd of proud boys vowed to find out how the trout was caught by the owl and the mouse.
- The hound found a profound book on the ground.
- How now, brown cow?

扫码收听
本讲音频

第 18 讲　双元音 /ɔɪ/
——爆破音的连读

01 发音示范

扫码看发音口
形示范视频

02 Danny 老师的发音秘诀

/ɔɪ/ 由 /ɔ/ 和 /ɪ/ 构成，发音时先发 /ɔ/，再发 /ɪ/，中间不停顿，一气呵成。

03 常见字母及字母组合

oy	soy	joy	annoy
oi	soil	coin	voice

■ 读单词，注意高亮部分的发音。

boy /bɔɪ/   toy /tɔɪ/   oil /ɔɪl/

noise /nɔɪz/   choice /tʃɔɪs/

■ 读句子，注意高亮部分的发音。

- Keep quiet. Don't make a noise. 保持安静。不要发出声音。

  /kip ˈkwaɪət dont mek ə nɔɪz/

- Give your voice and make your choice. 发出你的声音，做出你的选择。

  /gɪv jʊr vɔɪs ænd mek jʊr tʃɔɪs/

04 本讲知识要点

每天努力一点点，每天进步一点点。

Danny 老师
金句分享

✔ **爆破音的连读**

前一个单词以爆破音（/p/ /b/ /t/ /d/ /k/ /g/）结尾，后一个单词以爆破音（/p/ /b/ /t/ /d/ /k/ /g/）开头，前一个单词爆破音不发音，只做发音的口形。

- bad day
- big cake
- hot tea
- deep pond

05 实战演练

- The spoiled boy lost his toy and made a lot of noise.
- The boy in the toy store said "Oh boy, what joy!"
- No noise annoys me more than noisy boys with toys.
- Roy has a beautiful voice. He can make a good choice.

扫码收听
本讲音频

第19讲 双元音 /ʊr/

——/j/ 的省略

01 发音示范

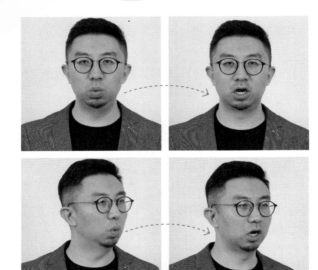

扫码看发音口
形示范视频

02 Danny 老师的发音秘诀

发音时，先发出 /ʊ/ 的音，然后迅速将舌头卷起，发出类似中文"尔"的卷舌音，连起来就是 /ʊr/ 的音。

03 常见字母及字母组合

ure	sure	unsure	assure
our	tour	detour	tourist

■ 读单词，注意高亮部分的发音。

sure /ʃʊr/   poor /pʊr/   tour /tʊr/   lure /lʊr/

■ 读句子，注意高亮部分的发音。

• The students here are so poor. 这里的学生太穷了。

/ðə 'studənts hir ɑr so pʊr/

• I'm not sure if it is my duty. 我不确定这是否是我的职责。

/aɪm nɑt ʃʊr ɪf ɪt ɪz maɪ 'dutɪ/

04 本讲知识要点

决定我们成为什么样人的，不是我们的
能力，而是我们的选择。

Danny 老师
金句分享

✔ /j/ 的省略

字母 u 和字母组合 ew 在 /d/、/n/、/t/
之后，英音倾向于读 / juː/，而美音会省略
/j/ 读 /u/。

• produce   • duty
• new   • knew
• Tuesday   • student

05 实战演练

• Sure cure: endure the lure of pure allure.
• He lured the poor to lure the poorer.
• The poor boy is curious about the tour.
• I'm not sure if the tourists need to make a detour.

扫码收听
本讲音频

第 20 讲　双元音 /ɪr/

——/r/ 的连读

01 发音示范

扫码看发音口
形示范视频

02 Danny 老师的发音秘诀

先发 /ɪ/，然后迅速将舌头卷起，发卷舌音 /r/。
发 /ɪ/ 和 /r/ 时，要连起来，一气呵成。

03 常见字母及字母组合

ere	mere	here	sphere
ear	near	dear	tear
eer	deer	beer	career

■ 读单词，注意高亮部分的发音。

here /hɪr/   year /jɪr/   ear /ɪr/   deer /dɪr/

■ 读句子，注意高亮部分的发音。

- The deer is near here. 鹿就在附近。

  /ðə dɪr ɪz nɪr hɪr/

- She drinks beer with tear. 她含泪喝啤酒。

  /ʃi drɪŋks bɪr wɪð tɪr/

04 本讲知识要点

没有谁能够阻止你成为一个优秀的人。

Danny 老师
金句分享

✔ /r/ 的连读

当前一个单词以字母 r 结尾，发
/r/ 音，后一个单词以元音音素开头，
则这两个单词要连读。

- go for it
- under it
- a pair of

- look for it
- sister and brother
- father and mother

05 实战演练

- I shed tears for he shears my dear toy deer's ear.
- The deer near the clear lake fear the spear.
- Cheer up, dear; the beer is here!
- The mere idea of a tear in her sheer dress gave her great fear.

扫码收听
本讲音频

第 21 讲 双元音 /ɛr/ 与 /ɔr/

——单词的重读

扫码看发音口
形示范视频

01 发音示范

/ɛr/

/ɔr/

02 Danny 老师的发音秘诀

/ɛr/ 先发 /ɛ/，然后迅速将舌头卷起，发卷舌音 /r/。发 /ɛ/ 和 /r/ 时，要连起来，一气呵成。

/ɔr/ 先发 /ɔ/，然后迅速将舌头卷起，发卷舌音 /r/。发 /ɔ/ 和 /r/ 时，要连起来，一气呵成。

03 常见字母及字母组合

/ɛr/	air	hair	pair	chair
	ear	bear	wear	pear
	ere	where	there	ere
	are	share	care	fare

/ɔr/	our	four	pour	your
	or	corn	fork	storm

■ 读单词，注意高亮部分的发音。

- /ɛr/

  air /ɛr/　　　fair /fɛr/　　　bear /bɛr/　　　there /ðɛr/

- /ɔr/

  four /fɔr/　　　for /fɔr/　　　more /mɔr/　　　store /stɔr/

■ 读句子，注意高亮部分的发音。

- You can air the pair of shoes. 你可以把这双鞋晾起来。

  /ju kæn ɛr ðə pɛr əv ʃuz/

- May I take your order? 你想点些什么？

  /me aɪ tek jʊr 'ɔrdɚ/

04 本讲知识要点

梦想不是空口无凭的大话，而是在寂静的奋斗里努力生长的果实！

Danny 老师
金句分享

✔ 单词的重读

单词在哪里重读，可以通过看音标的重音符号，如 /ˌpɑpjuˈlærətɪ/，重音符号在 /læ/ 的右上方，则这个音节重读，/pɑ/ 左下方有一个次重音符号，表明这里次重读。

还可以根据单词的音节判断单词在哪里重读。一般来说，单音节词全部重读；在双音节词中，动词倾向于第二个音节重读，名词倾向于第一个音节重读；多音节词一般倾向于倒数第三个音节重读。

单音节词： • take
　　　　　 • bed
双音节词： • forget（动词）
　　　　　 • sister（名词）
多音节词： • bicycle
　　　　　 • economy

05 实战演练

- Beware! That's a bear lair.
- Pierre was not aware of the bear in the lair until the bear gave a glare and Pierre ran from there.
- The glare from the flare scared the bear by the chair.
- The bored lord stored swords in his wardrobe.
- Nora's orange shorts tore when she scored a goal.

扫码收听
本讲音频

Notes

第 22 讲　爆破音 /p/
——/p/ 的浊化

01 发音示范

扫码看发音口
形示范视频

02 Danny 老师的发音秘诀

首先紧闭双唇，阻止气流流出；

突然分开双唇，气流冲出口腔，气流受嘴唇阻
碍被爆破，产生短暂的气流声。

注意：/p/ 是清辅音，声带不振动，产生的声音不是声带振动所致而是气流声。

p	cap	paint	pear
pp	apple	happy	puppy

■ 读单词，注意高亮部分的发音。

pig /pɪg/   shop /ʃɑp/   sport /spɔrt/   spring /sprɪŋ/

■ 读句子，注意高亮部分的发音。

• Peter picked a pickle of peppers. 彼得拿着腌辣椒。

/'pitɚ pɪkt ə 'pɪkəl əv 'pɛpɚz/

• Chop chop! Shake a leg! 快走快走！

/tʃɑp tʃɑp ʃek ə lɛg/

04 本讲知识要点

心态决定高度，细节决定成败。

Danny 老师
金句分享

✔ **/p/ 的浊化**

当字母组合 sp 位于同一个音节且重读时，位于字母 s 后的 /p/ 浊化，发 /b/ 音。

• sport   • spring
• speak   • spend
• spider   • spell

05 实战演练

• Peter's plane is plainly painted. Peter is paid plenty to paint planes.
• Peter Piper picked a peck of pickled peppers.
• Pat painted Penny's pretty purple purse pink.
• Paul's parrot can perfectly pronounce the word "pizzazz".

扫码收听
本讲音频

第 23 讲　爆破音 /b/

——不发音的字母 b

01 发音示范

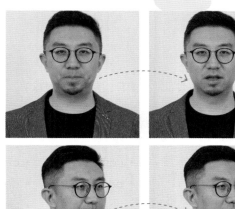

扫码看发音口
形示范视频

02 Danny 老师的发音秘诀

首先紧闭双唇，憋气；

突然分开双唇，牙齿会随双唇运动，气流冲出
口腔同时发出爆破音。

注意：/b/ 是浊辅音，声带振动。

03 常见字母及字母组合

b	bag	bad	job
bb	cabbage	rabbit	rubbish

■ 读单词，注意高亮部分的发音。

big /bɪg/   banana /bə'nænə/

beautiful /'bjutəfəl/   absorb /əb'zɔrb/

■ 读句子，注意高亮部分的发音。

- Bob bought a big bag of buns. 鲍勃买了一大包馒头。

  /bɑb bɑt ə bɪg bæg əv bʌnz/

- What a beautiful building! 多么漂亮的建筑啊！

  /wɑt ə 'bjutɪfl 'bɪldɪŋ/

04 本讲知识要点

有付出才有收获，有努力才有成功。

Danny 老师
金句分享

✔ 不发音的字母 b

字母 b 在单词中一般都发 /b/，但有些单词中的字母 b 是不发音的，需要留意。

- comb   - climb
- bomb   - debt
- doubt   - lamb

05 实战演练

- There dwelt a bear, also a boar. The bear could not bear the boar. The boar thought the bear a bore.
- A big black bug bit a big black bear and made the big black bear bleed blood.
- A big black bug bit a big black bear. Where's the big black bear the big black bug bit?
- Bobby bought a big blue balloon.

扫码收听
本讲音频

06 播音员 Danny 的超级训练：/p/ /b/ 发音对比

> 发音对比：
> ◎ /p/ /b/ 发音口形一样，首先紧闭双唇，阻止气流流出；
> ◎ 突然分开双唇，气流冲出口腔，气流受嘴唇阻碍被爆破，产生短暂的气流声。
> ◎ /p/ 是清辅音，声带不振动。
> ◎ /b/ 是浊辅音，声带振动。

big 大的   buy 买   bay 海湾
pig 猪   pie 馅饼   pay 支付

07 小试牛刀

■ 试试朗读下面的单词，并思考 /p/ 与 /b/ 的发音有什么区别。

bet—pet   bill—pill   bin—pin
cab—cap   cub—cup   bear—pear

■ 试试朗读下面的句子，感受 /p/ 与 /b/ 的发音区别。

/p/

• Peter patiently practiced playing the piano for hours every day.
• I took my pet dog for a walk in the park and gave him a pill to keep him healthy.
• The pilot safely landed the plane at the airport.
• Please pass me the purple pencil from the table.

/b/

• Barbara borrowed her neighbor's bicycle for a ride.
• The bookshelf in the bedroom was filled with books.
• Beth bought a beautiful bouquet of flowers for her friend's birthday.
• Bob baked a batch of delicious brownies for the bake sale.

第24讲 爆破音 /t/

——鼻腔爆破现象

01 发音示范

扫码看发音口
形示范视频

02 Danny 老师的发音秘诀

嘴巴微微张开，舌尖先紧贴上齿龈，憋住气；

舌尖迅速下降，使气流冲出口腔，形成爆破音。

注意：/t/ 是清辅音，声带不振动，只能听到气流的声音。

03 常见字母及字母组合

t	taxi	table	cat
tt	letter	little	better

■ 读单词，注意高亮部分的发音。

time /taɪm/　　　let /lɛt/　　　together /tə'gɛðɚ/　　　stop /stɑp/

curtain /'kɜ·tn/　　　mountain /'maʊntn/　　　Britain /'brɪtn/

■ 读句子，注意高亮部分的发音。

- What time is it now? 现在几点了？

  /wɑt taɪm ɪz ɪt naʊ/

- A little bit more time. 再多一点儿时间。

  /ə 'lɪtl bɪt mɔr taɪm/

04 本讲知识要点

唯有主动付出，才能收获丰硕的果实。

Danny 老师
金句分享

✔ 鼻腔爆破现象

爆破音 /t/ /d/ 与鼻音 /n/ 同时出现在一个音节中，形成了 /tn/ 音或者 /dn/ 音时，就会出现鼻腔爆破现象。

发 /tn/ 或者 /dn/ 时，舌尖抵住上齿龈憋气，将原本发 /t/ 或 /d/ 产生的气流逼进鼻腔，和鼻音 /n/ 一并带出。

- sudden
- button
- cotton
- garden
- certain
- wouldn't

05 实战演练

- Two ticket takers took a taxi.
- A tidy tiger tied a tie tighter to tidy her tiny tail.
- Tom tried to teach Tina ten tricks, but Tina thought Tom's tricks were too tough.
- Teddy took two tiny tigers to the top of the tall tree.

扫码收听
本讲音频

第 25 讲　爆破音 /d/
—— /t/ 的浊化（二）

01 发音示范

扫码看发音口
形示范视频

02 Danny 老师的发音秘诀

嘴巴张开，舌尖紧贴上齿龈，憋气；

舌尖迅速下降，使气流冲出口腔，同时声带振动发出声音。

注意：/d/ 是浊辅音，声带振动，送气力量较弱。

03 常见字母及字母组合

d	dog	desk	bed
dd	add	sudden	riddle

■ 读单词，注意高亮部分的发音。

dark /dɑrk/   hard /hɑrd/

administer /əd'mɪnəstɚ/   advertisement /ˌædvɚ'taɪzmənt/

■ 读句子，注意高亮部分的发音。

- Dare to be different. 敢于与众不同。

  /dɛr tu bi 'dɪfrənt/

- Diligence dismisses despondency. 勤奋驱散了消沉。

  /'dɪlɪdʒəns dɪ'smɪsɪz dɪ'spandənsɪ/

04 本讲知识要点

学英语是技能训练，就像开车，就像游泳，要真刀真枪说出来才行。

Danny 老师
金句分享

✔ /t/ 的浊化（二）

当字母组合 st 位于同一个音节且重读时，位于字母 s 后的 /t/ 浊化，发 /d/。

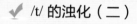

- still   - stop
- student   - stand
- stay   - start

05 实战演练

- Debbie did not destroy Darrell's dishes. Darrell destroyed Debbie's dishes.
- Daisy and Dylan decided to dine on delicious donuts for dessert.
- Derek's dad drove a big red truck down the dangerous road.
- David dug deep to find a diamond in the dusty desert.

扫码收听
本讲音频

06 播音员 Danny 的超级训练：/t/ /d/ 发音对比

发音对比：

◎ /t/ 和 /d/ 发音口形一样，嘴巴张开，舌尖紧贴上齿龈，憋气；舌尖迅速下降，使气流冲出口腔。

◎ /t/ 是清辅音，声带不振动。

◎ /d/ 是浊辅音，声带振动。

two 两个   town 城镇   tie 领带
do 做   down 向下   die 去世

07 小试牛刀

■ 试试朗读下面的单词，并思考 /t/ 与 /d/ 的发音有什么区别。

too—do   had—hat   and—ant
tip—dip   tug—dug   ton—done

■ 试试朗读下面的句子，感受 /t/ 与 /d/ 的发音区别。

/t/

- Tina taught Timmy how to tie his tie.
- Tom's trip to Thailand was filled with tasty treats.
- Teddy's favorite toy is a tiny tiger.
- The teacher taught Tommy how to pronounce the word "table" correctly.

/d/

- Danny danced with delight when he received the delicious dessert.
- Daisy's doll danced to the delightful music in the background.
- The detective discovered the hidden documents in the desk drawer.
- Donna's dad drove his dusty car down the dusty road.

第 26 讲 爆破音 /k/

——/k/ 的浊化

01 发音示范

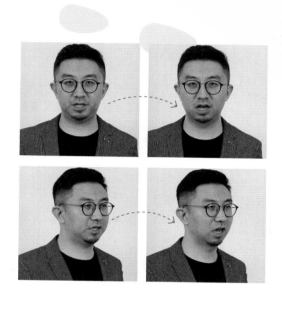

扫码看发音口
形示范视频

02 Danny 老师的发音秘诀

首先舌头后部隆起，紧贴软腭，憋住气，使气
流通道完全阻塞；

然后嘴巴张开，舌后部迅速降低，抵住软腭的
舌头离开软腭，气流突然冲出口腔。

注意：/k/ 是清辅音，声带不振动。

03 常见字母及字母组合

c	come	car	call
ch	chaos	chemistry	school
k	kite	book	make

■ 读单词，注意高亮部分的发音。

cook /kʊk/   cake /kek/   school /skul/   card /kɑrd/

■ 读句子，注意高亮部分的发音。

- Check it out. 来看看。

  /tʃɛk ɪt aʊt/

- I book a cook in New York. 我在纽约预订了一名厨师。

  /aɪ bʊk ə kʊk ɪn nu jɔrk/

04 本讲知识要点

自己战胜自己是最可贵的胜利。

Danny 老师
金句分享

✔ /k/ 的浊化

当 /k/ 位于 /s/ 后并出现在单词的重读音节中时，/k/ 浊化为 /g/。

- school
- sky
- skirt
- discover
- screen
- skin

05 实战演练

- Keep clean socks in a clean sock stack. Keep clean stockings in a clean stocking stack.
- Kevin caught a clever crab by the crystal-clear creek.
- Kim and Kyle cooked crispy chicken and crunchy kale for dinner.
- Kitty keeps kicking the colorful kite in the park.

扫码收听
本讲音频

第 27 讲　爆破音 /g/

——句子的重音

01 发音示范

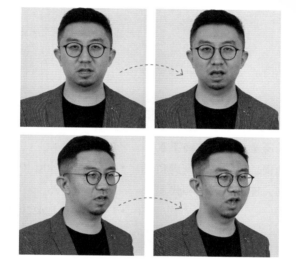

扫码看发音口
形示范视频

02 Danny 老师的发音秘诀

嘴巴张开，将舌头后部隆起，紧贴软腭，憋气；
然后舌头后部迅速降低，使气流冲出口腔，同时
声带振动。

注意：/g/ 是浊辅音，声带振动，送气力量较弱。

03 常见字母及字母组合

g	good	game	wig	wag

■ 读单词，注意高亮部分的发音。

bug /bʌg/ girl /ɡɝl/ younger /ˈjʌŋɡɚ/

■ 读句子，注意高亮部分的发音。

• A big bug bit a big pig. 一只大虫咬了一头大猪。

/ə bɪg bʌg bɪt ə bɪg pɪg/

• Good morning. 早上好。

/ɡʊd ˈmɔrnɪŋ/

04 本讲知识要点

把握现在就是创造未来。

Danny 老师
金句分享

✔ **句子的重音**

英语句子跟英语单词一样，也有重音。一般来说，实词通常重读，虚词不重读。实词指名词、动词、形容词、副词和数词等；虚词指介词、连词、冠词和代词等。

• He enjoys playing soccer with his friends.
• We are going to the beach for a picnic.
• I like to eat pizza for dinner.
• I forgot to close the window.

05 实战演练

• The guests act glad to get the grits, but the guests agree that Gretchen's garlic grits are gross.
• Grace gracefully glides on the gleaming green grass.
• Grant grabbed a bunch of grapes from the grape vine.
• Grace's gray goose grazed on the green grass.

扫码收听
本讲音频

06 播音员 Danny 的超级训练：/k/ /g/ 发音对比

> 发音对比：
>
> ◎ /k/ 和 /g/ 发音口形一样，嘴巴张开，将舌头后部隆起，紧贴软腭，憋气；然后舌头后部迅速降低，使气流冲出口腔。
> ◎ /k/ 是清辅音，声带不振动。
> ◎ /g/ 是浊辅音，声带振动。

class 班级　　　cold 寒冷的　　　could 能
glass 杯子　　　gold 金色　　　good 好的

07 小试牛刀

- 试试朗读下面的单词，并思考 /k/ 与 /g/ 的发音有什么区别。

  came—game　　　cave—gave　　　cot—got
  cap—gap　　　coat—goat　　　come—gum

- 试试朗读下面的句子，感受 /k/ 与 /g/ 的发音区别。

  /k/

  - Katie kicked the kangaroo carefully.
  - Kevin keeps collecting colorful kites.
  - Kim cooked crispy chicken in the kitchen.
  - Kyle and Kate went kayaking on the calm lake.

  /g/

  - Grace got a gift from her grandma.
  - The giggling girl grabbed the golden glittering gift.
  - That girl played guitar at the gathering last night.
  - The green grapes in the garden are sweet.

第 28 讲　摩擦音 /f/
——相同嘴形音相遇的发音原则

扫码看发音口
形示范视频

01 发音示范

02 Danny 老师的发音秘诀

　　发音时，上齿轻触下唇，把口腔中的空气透过唇齿间的缝隙挤压出来摩擦成音。

　　注意：/f/ 是清辅音，声带不振动。

03 常见字母及字母组合

gh	enough	tough	laugh
ph	phone	photo	physical
f	chef	five	fork

- 读单词，注意高亮部分的发音。

laugh /læf/　　cough /kɑf/　　face /fes/

off /ɔf/　　phone /fon/

Error

■ 读句子，注意高亮部分的发音。

• This chef has five forks. 这位厨师有五把叉子。
/ðɪs ʃef hæz faɪv fɔrks/

• My wife cooks good food. 我妻子厨艺不错。
/maɪ waɪf kʊks gʊd fud/

04 本讲知识要点

成功是由日复一日的点滴努力汇聚而成的。

Danny 老师
金句分享

✔ 相同嘴形音相遇的发音原则

摩擦音碰到辅音时一般仍需要发音，但如果碰到相同嘴形的发音，通常保留后面的音，前面的摩擦音不发音。

• I have five forks.
• I love funny jokes.
• Steve fried the bacon.
• The dove frightened the cat.

05 实战演练

• Fifty-five firefighters fried fifty-five French fries.
• Funny firefighters fought fiercely with the fiery flames.
• Five funny frogs flew freely from Florida to France.
• Friendly Fiona fastened fifty feathers to her fancy hat.

扫码收听
本讲音频

第29讲 摩擦音 /v/

—— 名词后缀 -or

扫码看发音口
形示范视频

 发音示范

02 Danny 老师的发音秘诀

发音时，上齿轻触下唇，气流从口腔穿过，通过唇齿间的缝隙引起摩擦，同时振动声带发出声音。

注意：/v/ 是浊辅音，声带振动。

03 常见字母及字母组合

v	van	vest	violin
	brave	love	

■ **读单词，注意高亮部分的发音。**

very /ˈvɛrɪ/　　view /vju/　　cave /kev/

have /hæv/　　avenue /ˈævəˌnu/

■ 读句子，注意高亮部分的发音。

- Very well. 非常好。

  /'vɛrɪ wɛl/

- The visitors visited five villages. 参观者参观了五个村庄。

  /ðə 'vɪzɪtəz 'vɪzɪtɪd faɪv 'vɪlɪdʒɪz/

04 本讲知识要点

每个梦想，都是在现实中坚持不懈才实现的。

Danny 老师
金句分享

✔ **名词后缀 -or**

有一些动词，可以在它们的词尾加上 -or，变成名词，发 /ɚ/ 的音。

- visit—visitor
- act—actor
- sail—sailor
- tract—tractor
- invent—inventor
- govern—governor

05 实战演练

- Various visitors visited the village.
- Vincent's vacation villa has a view of the vast valley.
- Vivian's vest is very valuable.
- The vicious vampire visited the valley at midnight.

扫码收听
本讲音频

06 播音员 Danny 的超级训练：/f/ /v/ 发音对比

> 发音对比：
>
> ◎ /f/ 和 /v/ 发音口形一样，发音时，上齿轻触下唇，气流从口腔穿过，通过唇齿间的缝隙引起摩擦。
> ◎ /f/ 是清辅音，声带不振动。
> ◎ /v/ 是浊辅音，声带振动。

fan 风扇   fine 美好的   fast 快的
van 厢式货车   vine 藤蔓   vast 宽广的

07 小试牛刀

■ 试试朗读下面的单词，并思考 /f/ 与 /v/ 的发音有什么区别。

ferry—very   fest—vest   fat—vat
fail—veil   leaf—leave   life—live

■ 试试朗读下面的句子，感受 /f/ 与 /v/ 的发音区别。

/f/

- I found five funny frogs in the forest.
- The fluffy feather floated in the breeze.
- Frank forgot to feed the fish in the fountain.
- The firefly flew freely through the field of flowers.

/v/

- Victor visited Venice during his vacation.
- Vincent volunteered to vacuum the living room.
- Vanessa's voice is very beautiful.
- The visitors enjoyed the view of the valley from the villa.

第30讲 摩擦音 /s/
——相同辅音的连读

扫码看发音口
形示范视频

01 发音示范

02 Danny 老师的发音秘诀

发音时上下齿自然合拢，嘴唇微开，舌前部抬起，将口腔中的空气从窄缝中泄出发"嘶"音。

注意：/s/ 是清辅音，声带不振动。

03 常见字母及字母组合

s	school	sky	cooks
ss	miss	chess	bless
c	face	city	peace
sc	muscle	science	scene

■ 读单词，注意高亮部分的发音。

sick /sɪk/   cell /sɛl/   kiss /kɪs/

books /bʊks/   muscle /'mʌsl/

■ 读句子，注意高亮部分的发音。

- The books look good. 这些书看起来很不错。

  /ðə bʊks lʊk gʊd/

- The books sell well. 这些书卖得很好。

  /ðə bʊks sɛl wɛl/

04 本讲知识要点

只要路是对的，就不怕路远。

Danny 老师
金句分享

✔ 相同辅音的连读

　　两个相邻的单词，当前一个单词词尾的辅音音素和后一个单词开头的辅音音素相同时，把它们连读。

- The bus stop is clean.
- I found that gas station.
- She speaks Spanish.

05 实战演练

- Steve's sister sings sweet songs.
- Sandy sells seashells by the seashore.
- Sally's silver shoes shine in the sunlight.
- Sam saw seven silly squirrels.

扫码收听
本讲音频

第 31 讲　摩擦音 /z/

—— 名词复数的读音（一）

扫码看发音口
形示范视频

01 发音示范

02 Danny 老师的发音秘诀

　　发音时微微张开嘴巴，上下齿自然合拢，舌尖抬起，靠近齿龈，气流由舌尖与齿龈之间的窄缝中泄出，同时振动声带发音。

　　注意：/z/ 是浊辅音，声带振动。

03 常见字母及字母组合

z	zebra	zero	zipper
s	nose	pose	bags

■ **读单词，注意高亮部分的发音。**

zoo /zu/　　　choose /tʃuz/　　　size /saɪz/

zero /ˈzɪɚo/　　bananas /bəˈnænəz/

■ 读句子，注意高亮部分的发音。

- I'm crazy about you. 我为你着迷。

  /aɪm 'kreɪzɪ ə'baʊt ju/

- There are bananas and books. 那里有一些香蕉和书。

  /ðer ɑr bə'nænəz ænd bʊks/

04 本讲知识要点

成功的秘诀之一就是不让暂时的挫折击垮我们。

Danny 老师
金句分享

✔ 名词复数的读音（一）

名词变复数一般在单词后加 -s。-s 位于清辅音后时，发 /s/。

-s 位于浊辅音或元音后时，发 /z/。

- books
- cups
- maps
- bananas
- bags
- legs

- cakes
- caps
- lakes
- apples
- papers
- buns

05 实战演练

- This is a zither. Is this a zither? This is Zoe's sister's zither.
- The buzzing bees zoomed by the balcony.
- The zoo's zealous zookeeper zooms from zone to zone.
- The lazy lizard lazily lazes on the cozy bed of leaves.

扫码收听
本讲音频

06 播音员 Danny 的超级训练：/s/ /z/ 发音对比

> 发音对比：
> ◎ /s/ 和 /z/ 发音口形一样，发音时微微张开嘴巴，上下齿自然合拢，舌
>   尖抬起，靠近齿龈，气流由舌尖与齿龈之间的窄缝中泄出。
> ◎ /s/ 是清辅音，声带不振动。
> ◎ /z/ 是浊辅音，声带振动。

bus 公交车	ice 冰	price 价格
buzz 嗡嗡声	eyes 眼睛	prize 奖品

07 小试牛刀

■ 试试朗读下面的单词，并思考 /s/ 与 /z/ 的发音有什么区别。

place—plays   rice—rise

piece—peas   advice—advise

race—raise   loose—lose

■ 试试朗读下面的句子，感受 /s/ 与 /z/ 的发音区别。

/s/

• Sam silently sneaked out of the house.
• Sally's sister sang a sweet, sensational song.
• The suitcase is stuffed with socks and sweaters.
• Sarah saw seven silly seagulls soaring in the sky.

/z/

• Zoey's zoo is full of zebras and zealous monkeys.
• The maze of hazy haze makes it hard to find your way.
• There are bananas and apples in her bags.
• The buzzing sound of the bees amazed him.

第 32 讲　连读技巧

01 发音示范

异性相吸	辅音 + 元音 / 半元音
同性相吸	元音 + 元音
特殊连读	/r/+ 元音

02 Danny 老师的发音秘诀

■ "辅音 + 元音 / 半元音" 连读

连读规则：在同一个意群里，如果前一个单词以辅音音素结尾，后一个单词以元音或半元音音素开头，则可以连读。

- Pick it up. 捡起来。

  /pɪk ɪt ʌp/

- Check it out. 来看看吧。

  /tʃɛk ɪt aʊt/

■ "元音 + 元音" 连读

连读规则：如果前一个单词以元音音素结尾，后一个单词以元音音素开头，这两个音往往也要自然而不间断地连读，且需要加音。

规则 1：如果前一个单词是以元音 /i/ /ɪ/ 或 /eɪ/ /aɪ/ /ɔɪ/ 结尾，后一个单词以元音音素开头，那么，在第一个元音音素后面需要加上一个辅音 /j/。

- I am 18. 我 18 岁。

  /aɪ æm eˈtin/

- Just try it. 试试吧。

  /dʒʌst traɪ ɪt/

规则 2：如果前一个单词是由元音 /u/ /ʊ/ 或 /aʊ/ 结尾，下一个单词由元音音素开头，那么在第一个元音音素后面需加上一个辅音 /w/。

- Who are you? 你是谁？
  /hu ɑr ju/
- Let's do it. 我们开始吧。
  /lɛts du ɪt/

■ "/r/＋元音"连读

连读规则：如果前一个单词以字母 "-r" 或者 "-re" 结尾且发 /r/ 音，且后一个单词以元音音素开头，则 /r/ 可以与后面的元音音素连读。

- I don't care about it. 我不在乎。
  /aɪ doʊnt kɛr ə'baʊt ɪt/
- It's far far away. 很远很远。
  /ɪts fɑr fɑr ə'we/

■ 练习

- one egg /wʌn ɛg/
- three eggs /θri ɛgz/
- two eggs /tu ɛgz/
- four eggs /fɔr ɛgz/

把握现在就是创造未来。

Danny 老师
金句分享

03 实战演练

- Let me have a look at it.
  Put it on, please.
- Come and see us again soon.
  Could you say it again please?
- There is a football under it.
  Here are four eggs.

扫码收听
本讲音频

第 33 讲 咬舌音 /θ/ 与 /ð/

扫码看发音口
形示范视频

01 发音示范

/θ/

/ð/

02 Danny 老师的发音秘诀

/θ/: 舌尖微微伸出，置于上下门齿之间，舌身呈扁平状；气流由舌齿间泻出，摩擦成音，舌尖和下齿之间的气流通道非常窄小，气流从舌齿间的窄缝中泄出。

注意：/θ/ 是清辅音，声带不振动，发这个音时要注意上齿轻触舌尖。

/ð/: 舌尖微微伸出，略微露出齿外，置于上下门齿之间，舌身呈扁平状；气流从舌齿间的窄缝中泄出，同时声带振动发出 /ð/ 这个音。

注意：/ð/ 是浊辅音，声带振动。

03 常见字母及字母组合

th	think	thing	thin
	this	that	there

■ 读单词，注意高亮部分的发音。

thank /θæŋk/   bath /bæθ/   enthusiastic /ɪnˌθuzɪˈæstɪk/

there /ðɛr/   that /ðæt/   mother /ˈmʌðɚ/   the /ðə/

■ 读句子，注意高亮部分的发音。

• My mother and father went through thick and thin together.
   我的母亲和父亲一起经历了风风雨雨。
   /maɪ ˈmʌðɚ ænd ˈfɑðɚ wɛnt θru θɪk ænd θɪn təˈgɛðɚ/

• Thank you so much. 非常感谢你。
   /θæŋk ju so mʌtʃ/

越努力越幸运，岁月不辜负每一份
努力与坚持。

Danny 老师
金句分享

04 实战演练

• I thought a thought, but the thought I thought I thought was not the thought I thought.

• If the thought I thought had been the thought I thought I thought, I would not have thought so much.

• I'd rather bathe in a southern sea than wear thick clothes as northerners do.

• My mother and father go to the park together in nice weather.

扫码收听
本讲音频

06 播音员 Danny 的超级训练：/θ/ /ð/ 发音对比

> 发音对比：
> - /θ/ 和 /ð/ 的发音口形一样，舌尖微微伸出，略微露出齿外，置于上下门齿之间，舌身呈扁平状；气流从舌齿间的窄缝中泄出。
> - /θ/ 是清辅音，声带不振动。
> - /ð/ 是浊辅音，声带振动。

bath 浴室   breath 呼吸   cloth 布
bathe 洗澡   breathe 呼吸   clothe 给……穿衣

07 小试牛刀

■ 试试朗读下面的单词，并思考 /θ/ 与 /ð/ 的发音有什么区别。

thin—this   think—that   math—with
theme—these   thorn—those   three—there

■ 试试朗读下面的句子，感受 /θ/ 与 /ð/ 的发音区别。

/θ/

- Thin lips and thick teeth make a strange sound.
- The thorny path through the thicket is thrilling.
- Three thirsty thieves thoughtfully threw the thimbles.
- That's the thing I think thoughtfully overthought.

/ð/

- This weather is rather cool, isn't it?
- I like to bathe with a towel.
- Those is plural of that.
- These is plural of this.

第 34 讲　小狗喘气音 /h/
——击穿技巧（二）

扫码看发音口
形示范视频

01 发音示范

02 Danny 老师的发音秘诀

张开嘴巴，让气流自由溢出口腔，不受阻碍；
只在通过声门时形成轻微的摩擦，舌头和嘴唇
的位置随其后的元音而变化。

注意：/h/ 是清辅音，声带不振动，也是声门音，送气很大。可以拿一张白纸
放在嘴前，感受一下气流。
不要发成中文中的"喝"。

03 常见字母及字母组合

h	her	hair	here
wh	who	whole	whose

■ 读单词，注意高亮部分的发音。

who /hu/   home /hom/   hi /haɪ/

■ 读句子，注意高亮部分的发音。

- Her hair is grey. 她的头发花白。

  /hɚ hɛr ɪz gre/

- How are you? 你好吗？

  /haʊ ɑr ju/

04 本讲知识要点

试一下，你会比你自己想象中的还要强大。

Danny 老师
金句分享

✔ 击穿技巧（二）

当以字母组合 th 开头的单词能直接
与前面以辅音音素结尾的单词形成连读
时，th 不发音，后面单词的元音直接与前
面单词的辅音连读。

- take them
- saw them
- tell them

- leave them
- like them
- find them

05 实战演练

- How high can a hawk fly high in the sky?
- Happy hippos hop and hula hoop on the hill.
- Hannah had a heap of hot pink hats in her hand.
- Harry hopped happily through the haunted house on Halloween.

扫码收听
本讲音频

第 35 讲　小卷舌音 /r/
——can 的发音

扫码看发音口
形示范视频

01 发音示范

02 Danny 老师的发音秘诀

双唇略张开并收圆，稍突出；

舌尖卷起，靠近上齿龈后部，舌两侧贴住上齿龈两侧；

气流通过舌尖及上齿龈后背部形成轻微的摩擦，同时振动声带发出 /r/ 音。

注意：/r/ 是浊辅音，声带振动。

03 常见字母及字母组合

r	ride	read	write
rr	lorry	carrot	marry

■ 读单词，注意高亮部分的发音。

right /raɪt/　　　red /rɛd/　　　correct /kəˈrɛkt/

■ 读句子，注意高亮部分的发音。

- Robin rides a red lorry. 罗宾驾驶着一辆红色货车。

/ˈrɑbən raɪdz ə rɛd ˈlɔrɪ/

- Mary can read and write. 玛丽能读能写。

/ˈmɛrɪ kæn rid ænd raɪt/

04 本讲知识要点

只有极致的拼搏，才能配得上极致的风景。

Danny 老师
金句分享

✔ can 的发音

美语中的 can /kæn/ 在肯定句中一般会弱读为 /kən/，因为其否定式 can't /kænt/ 在句子或短语中通常会读作 /kæn/，/t/ 只做口形不发声，容易和 can 混淆。

- I can dance.
- I can't dance.
- I can sing.
- I can't sing.

05 实战演练

- Randy the raccoon raced through the forest, chasing a ripe raspberry.
- Rachel's brother Ryan likes to roar like a roaring lion.
- Rory's red roller skates rattled on the rough road.
- Rebecca's rabbit ran rapidly and recklessly around the garden.

扫码收听
本讲音频

第 36 讲　大卷舌音 /l/

——"/d/ 或 /t/ + /l/"的略读

01 发音示范

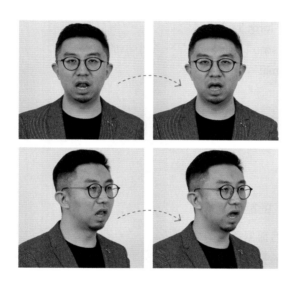

扫码看发音口
形示范视频

02 Danny 老师的发音秘诀

/l/ 是浊辅音，声带振动发音。它的发音有两种
情况，根据它所出现位置的不同会发出两种不太一
样的音。

/l/ + 元音：发音时，舌尖紧贴上齿龈，气流从舌的两侧泄出，在下一个音即将
发出时舌头离开上齿龈，迅速下落，此时称它为清晰 /l/。

/l/ 在词尾或"/l/ + 辅音"：发音时，舌尖抵上齿龈，舌根下凹后缩，舌头不需
要下落，此时称它为含糊 /l/。

03 常见字母及字母组合

l	like	large	bottle
ll	lollipop	tell	small

- 读单词，注意高亮部分的发音。

  life /laɪf/   slice /slaɪs/   world /wɜːld/

  ball /bɔːl/   English /ˈɪŋglɪʃ/

- 读句子，注意高亮部分的发音。
  - Larry likes large bottles. 拉里喜欢大瓶子。

    /ˈlerɪ laɪks lɑrdʒ ˈbɑtlz/
  - This is a small world. 这是一个小小的世界。

    /ðɪs ɪz ə smɔl wɜːld/

04 本讲知识要点

心态决定高度，细节决定成败。

Danny 老师
金句分享

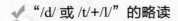

✓ "/d/ 或 /t/+/l/" 的略读

　　当 /d/ 或者 /t/ 后面紧跟着 /l/ 时，则 /d/ 或者 /t/ 不发音，直接读 /l/。

- loudly
- friendly
- recently
- proudly
- directly
- fluently

05 实战演练

- Lola's little yellow lilies looked lovely in the lush green lawn.
- Lily likes to laugh loudly while leaping over the long logs.
- Lucas played his lively guitar along the lonely lakeside.
- Laura and Liam picked plump juicy apples from the low-hanging branches.

扫码收听
本讲音频

第 37 讲　噘嘴音 /tʃ/

——/tʃ/ 的特殊连读

扫码看发音口
形示范视频

01 发音示范

02 Danny 老师的发音秘诀

双唇微张向前突出，略呈圆形；

舌尖抬起贴住上齿龈后部，憋住气；

然后舌尖稍稍下降，气流从舌头和齿龈间的狭缝中冲出，摩擦成音。

注意：/tʃ/ 是清辅音，声带不振动。

03 常见字母及字母组合

ch	rich	teach	chip
tch	watch	catch	witch

■ 读单词，注意高亮部分的发音。

match /mætʃ/　　chin /tʃɪn/　　nature /ˈnetʃɚ/　　much /mʌtʃ/

■ 读句子，注意高亮部分的发音。

- Cheap chip shop sells cheap chips. 廉价薯片店出售廉价薯片。
  /tʃip tʃɪp ʃɑp sɛlz tʃip tʃɪps/
- Watch that match on TV! 在电视上看那场比赛！
  /wɑtʃ ðæt mætʃ ɑn ˌti 'vi/

04 本讲知识要点

有耕耘就有收获，有付出就有回报。

Danny 老师
金句分享

✔ /tʃ/ 的特殊连读

相邻的两个词，如果前一个单词以 /t/ 或 /ts/ 结尾，后一个单词以 /j/ 开头，那么这两个音可以连读为 /tʃ/。

- What about you?
- How about you?
- What's your name?
- What's your opinion?

05 实战演练

- Charlie chose a charming cheetah as his cherished pet.
- Chase the cheeky chicken to the charming Chinese cherry tree.
- Charles cheerfully chewed on a chunk of chocolate chip cheesecake.
- The chatty children chanted and cheered for the championship team.

扫码收听
本讲音频

第38讲 嘬嘴音 /ʃ/

——/ʃ/ 的特殊连读

扫码看发音口
形示范视频

01 发音示范

02 Danny 老师的发音秘诀

发音时上下齿自然合拢，嘴唇张开收圆，舌尖抬起，靠近齿龈后部，舌身抬起，靠近上腭，气流通过口腔时摩擦成音。

注意：/ʃ/ 是清辅音，声带不振动。

03 常见字母及字母组合

sh	sheep	shop	shoe
tion	nation	action	pollution

■ **读单词，注意高亮部分的发音。**

ship /ʃɪp/   motion /ˈmoʃən/   social /ˈsoʃəl/   sure /ʃʊr/

■ 读句子，注意高亮部分的发音。

- She shakes a leg for sake of catching the ship.

  她迅速行动是为了赶上那艘船。

  /ʃi ʃeks ə leg fɔr sek əv 'kætʃɪŋ ðə ʃɪp/

- She found two sheep. 她发现了两只绵羊。

  /ʃi faʊnd tu ʃip/

04 本讲知识要点

坚持最初的梦想，扬帆起航，乘风破浪，永不言败。

Danny 老师
金句分享

✔ /ʃ/ 的特殊连读

相邻的两个单词，如果前一个单词以 /s/ 结尾，后一个单词以 /j/ 开头，那么这两个音可以连读为 /ʃ/。

- I miss you so much.
- I wanna kiss you.
- Bless you!
- I hope to get good grades this year.

05 实战演练

- She sells seashells by the seashore, shining and shimmering in the sunshine.
- A shepherd and his sheep sheltered from the storm under a shaking tree.
- The fishermen shared stories of their successful shark fishing adventures.
- The shopkeeper shuffled and shelved the shirts with care.

扫码收听
本讲音频

06 播音员 Danny 的超级训练：/tʃ/ /ʃ/ 发音对比

> 发音对比：
>
> ◎ /tʃ/ 是双唇微张向前突出，略呈圆形；舌尖抬起贴住上齿龈后部，憋住气；然后舌尖稍稍下降，气流从舌和齿龈间的狭缝中冲出，摩擦成音。
>
> ◎ /ʃ/ 发音时上下齿自然合拢，嘴唇张开收圆，舌尖抬起，靠近齿龈后部。
>
> ◎ /tʃ/ 和 /ʃ/ 都是清辅音，声带不振动。

watch 观看   cheap 便宜   chair 椅子

wash 洗   sheep 绵羊   share 分享

07 小试牛刀

■ 试试朗读下面的单词，并思考 /tʃ/ 与 /ʃ/ 的发音有什么区别。

chip—ship   match—mash   chop—shop

chat—shat   which—wish   choose—shoes

■ 试试朗读下面的句子，感受 /tʃ/ 与 /ʃ/ 的发音区别。

/tʃ/

- The cheeky children played chess on the chair yesterday.
- Which chair would you like to choose?
- I chat with Charlie and watch a football match with him.
- He likes cheap chips.

/ʃ/

- The shy sheep shook its woolly coat in the shiny sun.
- She always washes the dishes with a soft sponge.
- I wash my shoes with a brush.
- I wish that Shirley would share her candy with me.

第39讲 噘嘴音 /dʒ/

——/dʒ/ 的特殊连读

扫码看发音口
形示范视频

01 发音示范

02 Danny 老师的发音秘诀

双唇向前突出，略呈圆形，牙齿基本闭合；

舌尖抬起贴住上齿龈后部，憋住气；

舌尖稍稍下降，气流从舌尖和齿龈间的狭缝冲出，同时声带振动。

注意：/dʒ/ 是浊辅音，声带振动。发这个音时，用舌尖去顶齿龈，整体舌位
　　　不靠前。

03 常见字母及字母组合

j	jeep	jacket	joy
g	cage	change	garbage
dge	bridge	edge	fridge

■ 读单词，注意高亮部分的发音。

job /dʒɑb/   age /edʒ/

education /ˌɛdʒəˈkeʃən/   judge /dʒʌdʒ/

■ 读句子，注意高亮部分的发音。

- You did a good job! 你做得很好！

  /ju dɪd ə gʊd dʒɑb/

- I graduated from Harvard. 我毕业于哈佛大学。

  /aɪ ˈgrædʒuˌetɪd frəm ˈhɑrvɚd/

04 本讲知识要点

人最大的对手，就是自己的懒惰。

Danny 老师
金句分享

✔ /dʒ/ 的特殊连读

相邻的两个单词，如果前一个单词以 /d/ 结尾，后一个单词以 /j/ 开头，那么这两个音可以连读为 /dʒ/。

- I need you.
- Did you want it?
- Would you like a coke?
- Could you wait a moment, please?

05 实战演练

- Jessie enjoyed playing jazz on her jazzy, jumbo-sized guitar.
- Jim's giant ginger cat jumped over the jiggling jelly jar.
- James the jailer changed jail's chairs and chained the chairs to the jail.
- The judge adjourned the court as the jury delivered a just judgment.

扫码收听
本讲音频

第 40 讲　噘嘴音 /ʒ/

——/ʒ/ 的特殊连读

扫码看发音口
形示范视频

01 发音示范

02 Danny 老师的发音秘诀

双唇略微向前突出，略呈长方形；

将舌尖抬起，靠近齿龈后部，但不要贴住；

舌身抬起，靠近上腭，形成狭长的通道，气流通过通道时摩擦，同时声带振动。

注意：/ʒ/ 是浊辅音，声带振动。

03 常见字母及字母组合

s	measure	treasure	pleasure
ge	genre	rouge	massage

■ 读单词，注意高亮部分的发音。

vision /'vɪʒən/   usual /'juʒʊəl/

pleasure /'plɛʒɚ/   rouge /ruʒ/

■ 读句子，注意高亮部分的发音。

- I usually go there by bus. 我通常坐公共汽车去那里。

  /aɪ 'juʒʊəlɪ go ðɛr baɪ bʌs/

- My pleasure. 我的荣幸。/ 乐意之至。

  /maɪ 'plɛʒɚ/

04 本讲知识要点

不要垂头丧气，即使失去一切，
明天仍在你的手里。

Danny 老师
金句分享

✔ /ʒ/ 的特殊连读

　　相邻的两个单词，如果前一个单词以 /z/ 结尾，后一个单词以 /j/ 开头，那么这两个音可以连读为 /ʒ/。

- Where's your pen?
- When's your birthday?
- Does your father speak Chinese?
- Is your bag red?

05 实战演练

- George placed his broken televisions in the garage. In his garage there have been three broken televisions.
- The leisurely pleasure at the leisure center was a leisure activity.
- It was a pleasure to witness his usual vision come to life.
- The television broadcast measured the pleasure of the audience as they discovered the hidden treasure.

扫码收听
本讲音频

06 播音员 Danny 的超级训练：/dʒ/ /ʒ/ 发音对比

发音对比：

- ◎ /dʒ/ 双唇向前突出，略呈圆形，牙齿基本闭合；舌尖抬起贴住上齿龈后部，憋住气；舌尖稍稍下降，气流从舌和齿龈间的狭缝冲出。
- ◎ /ʒ/ 双唇略微向前突出，略呈长方形；将舌尖抬起，靠近齿龈后部，但不要贴住；
- ◎ 舌身抬起，靠近上腭，形成狭长的通道，气流通过通道时摩擦。
- ◎ /dʒ/ 和 /ʒ/ 都是浊辅音，声带振动。

gender 性别	garbage 垃圾	range 范围
genre 种类	garage 车库	rouge 胭脂

07 小试牛刀

■ 试试朗读下面的单词，并思考 /dʒ/ 与 /ʒ/ 的发音有什么区别。

message—massage   pledge—pleasure
verge—vision   usage—usual
magic—measure   package—treasure

■ 试试朗读下面的句子，感受 /dʒ/ 与 /ʒ/ 的发音区别。

/dʒ/

- The giant giraffe gently grazed on the juicy leaves.
- The passengers during the journey like the jam on the train.
- When George was at the age of 22, he bought a jeep. And he enjoyed it a lot.
- He used magic to leave a message on a jacket.

/ʒ/

- The children usually spend their leisure time in the garage.
- It's not usual for us to measure success solely by financial gain.
- The new version of the book is about people's vision on future.
- After a long day at work, a relaxing massage brings a lot pleasure.

第 41 讲　双辅音 /tr/

——常见的缩略形式

01 发音示范

扫码看发音口
形示范视频

02 Danny 老师的发音秘诀

　　发音时双唇稍稍突出，略呈圆形，舌身保持发
/r/ 的姿势，发出短促的 /t/ 后立即发 /r/。

　　注意：/tr/ 是清辅音，声带不振动。

03 常见字母及字母组合

tr	train	track	travel

- 读单词，注意高亮部分的发音。

tree /tri/　　　　　　　　　　street /strit/

astronomy /ə'strɑnəmɪ/　　country /'kʌntrɪ/

■ 读句子，注意高亮部分的发音。

- I'll treasure this travel. 我会珍惜这次旅行。

  /aɪl 'treʒɚ ðɪs 'trævl/

- The train is on the track. 火车已驶入轨道。

  /ðə tren ɪz ɑn ðə træk/

04 本讲知识要点

成功的道路别自己一个人摸索，
只有多问路才不会迷路。

Danny 老师
金句分享

✔ **常见的缩略形式**

英语中的缩略形式主要是人称代词（主格形式）与系动词、助动词、情态动词缩略；疑问词与系动词缩略；系动词、助动词和情态动词与 not 缩略而成。

- I/she/he will=I'll/she'll/he'll
- I am=I'm
- she/he is=she's/he's
- we/they are=we're/they're
- what/when/where is=what's/when's/where's
- is/have/would/can not=isn't/haven't/wouldn't/can't

05 实战演练

- The tacky tractor trailers trucks.
- The tree trimmer trims trees with a saw.
- The train travels at a tremendous speed through the tracks.
- Twelve troublesome trolls try to trap tiny turtles.

扫码收听
本讲音频

第 42 讲　双辅音 /dr/
── /t/ 的浊化（三）

01 发音示范

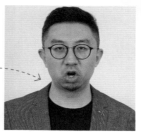

扫码看发音口
形示范视频

02 Danny 老师的发音秘诀

发音时双唇稍稍突出，略呈圆形，舌身保持发
/r/ 的姿势，发出短促的 /d/ 后立即发 /r/。

注意：/dr/ 是浊辅音，声带振动。

03 常见字母及字母组合

| dr | drink | drive | draw |

■ 读单词，注意高亮部分的发音。

dream /drim/   hundred /ˈhʌndrəd/

dress /drɛs/   dry /draɪ/

■ 读句子，注意高亮部分的发音。

- Don't drink and drive. 不要酒后驾车。

  /dont drɪŋk ænd draɪv/

- I have a trip on the street. 我在街上旅行。

  /aɪ hæv ə trɪp ɑn ðə strit/

04 本讲知识要点

知识如海，学无止境，勇往直前，砥砺前行。

Danny 老师
金句分享

✔ /t/ 的浊化（三）

当字母组合 st 位于同一个音节且重读时，/t/ 浊化为 /d/，这种现象也发生在双辅音中，/tr/ 念 /dr/。

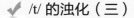

- street
- strange
- strong
- straight
- strict
- stress

05 实战演练

- The drummers drummed. The druggers hate the drummers' drums, so the druggers drugged the drummers.
- The dreadful drought dried up the rivers and drained the reservoirs.
- Draw the dragon drawing with a daring and dramatic stroke.
- The driver in the red dress drove the car through the crowded street.

扫码收听
本讲音频

06 播音员 Danny 的超级训练：/tr/ /dr/ 发音对比

> 发音对比：
> ○ /tr/ 发音时双唇稍稍突出，略呈圆形，舌身保持发 /r/ 的姿势，发出短促的 /t/ 后立即发 /r/。
> ○ /tr/ 是清辅音，声带不振动。
> ○ /dr/ 发音时双唇稍稍突出，略呈圆形，舌身保持发 /r/ 的姿势，发出短促的 /d/ 后立即发 /r/。
> ○ /dr/ 是浊辅音，声带振动。

train 火车　　　try 尝试　　　trip 旅行
drain 排水　　　dry 干的　　　drip 滴下

07 小试牛刀

■ 试试朗读下面的单词，并思考 /tr/ 与 /dr/ 的发音有什么区别。
true—drew　　trunk—drunk
tress—dress　　tried—dried
trug—drug　　troop—droop

■ 试试朗读下面的句子，感受 /tr/ 与 /dr/ 的发音区别。

/tr/

- Trevor tried to trick the tricky teacher with a tricky question.
- The tropical forest was filled with trees.
- The train traveled at a tremendous speed, transporting passengers to their destinations.
- Tracy tried to train her pet parrot to talk.

/dr/

- The driver drove the car down the narrow driveway.
- He was dressed in a trendy suit for the dinner party.
- He dreamed that a driver in a dress drank wine.
- The boy drew a dragon that was in a dry river.

第43讲　双辅音 /ts/

——名词复数的读音（二）

扫码看发音口
形示范视频

01 发音示范

02 Danny 老师的发音秘诀

上下齿自然合拢，嘴唇不要张得太大；

舌尖贴住齿龈，堵住气流；

然后舌尖略微下降，气流随之泄出。

注意：/ts/ 是清辅音，声带不振动。

03 常见字母及字母组合

ts	hats	tests	rats

■ 读单词，注意高亮部分的发音。

nuts /nʌts/　　　boots /buts/　　　it's /ɪts/　　　what's /wɑts/

■ 读句子，注意高亮部分的发音。

- What's the matter? 怎么了？
  /wɑts ðə 'mætɚ/

- Good looks and good boots. 人漂亮，靴子也不错。
  /gʊd lʊks ænd gʊd bʊts/

04 本讲知识要点

学无止境，永远保持好奇心，坚持学习。

Danny 老师
金句分享

✔ 名词复数的读音（二）

名词复数一般在词尾加 -s，以字母 t 结尾的单词为例，/s/ 在 /t/ 后与 /t/ 连在一起读成 /ts/。

以字母 d 结尾的单词为例，/s/ 在 /d/ 后与 /d/ 连在一起读成 /dz/ 音。

- hats
- mats
- jets
- hands
- minds
- birds

- bats
- pets
- cats
- beds
- ends
- pounds

05 实战演练

- A box of biscuits, a box of mixed biscuits. Bob bought three boxes of biscuits and two boxes of mixed biscuits.
- Five cats sat on mats with funny hats.
- What's the matter with the tourists in boots?
- Ten rats eat nuts in the huts.

扫码收听
本讲音频

第 44 讲　双辅音 /dz/

——名词复数的读音（三）

扫码看发音口
形示范视频

01 发音示范

02 Danny 老师的发音秘诀

舌尖贴住齿龈，堵住气流；

舌头略微下降，气流随之泄出形成破擦音，同时声带振动。

注意：/dz/ 是浊辅音，声带振动。

03 常见字母及字母组合

| **ds** | han**ds** | see**ds** | roa**ds** |

■ 读单词，注意高亮部分的发音。

goo**ds** /ɡʊdz/　　woo**ds** /wʊdz/　　bir**ds** /bɝdz/　　frien**ds** /frɛndz/

■ 读句子，注意高亮部分的发音。

• My frien**ds** are going home. 我的朋友们要回家了。

/maɪ frɛndz ɑr ˈɡoɪŋ hom/

- The birds are singing. 鸟儿在歌唱。

/ðə bɝːdz ɑr ˈsɪŋɪŋ/

04 本讲知识要点

只有不断找寻机会的人才会及时把握机会。

Danny 老师
金句分享

✔ 名词复数的读音（三）

以 s, x, sh, ch 结尾的单词，复数形式在其后加 -es，读 /ɪz/。

以 o 结尾的单词，其复数形式变化规则为表示有生命的单词后加 -es，无生命的单词后加 -s，读 /z/。

以辅音字母加 y 结尾的单词，变 y 为 i 再加 -es；以元音字母加 y 结尾的单词，直接在其后加 -s，读 /z/。

以 f 或 fe 结尾的单词，变 f 或 fe 为 v 再加 -es，读 /vz/。

- buses
- dishes
- potatoes
- photos
- stories
- boys
- lives
- knives

- boxes
- peaches
- tomatoes
- pianos
- families
- days
- leaves
- thieves

不规则变化

- foot—feet
- mouse—mice

- man—men
- fish—fish

05 实战演练

- Edward's seeds are in that child's hands.
- The kids played happily in the fields. One holds a kite in his hands.
- She needs some peas to feed the birds in the woods.
- He needs some cards to learn words.

扫码收听
本讲音频

06 播音员 Danny 的超级训练：/ts/ /dz/ 发音对比

> 发音对比：
> ◎ /ts/ 和 /dz/ 口形一样：舌尖贴住齿龈，堵住气流，舌尖略微下降，气流随之泄出形成破擦音。
> ◎ /ts/ 是清辅音，声带不振动。
> ◎ /dz/ 是浊辅音，声带振动。

carts 手推车   bets 打赌   puts 放
cards 卡片   beds 床   puds 布丁

07 小试牛刀

■ 试试朗读下面的单词，并思考 /ts/ 与 /dz/ 的发音有什么区别。

hats—hands   fruits—friends   kits—kids
cats—heads   boats—boards   lots—loads

■ 试试朗读下面的句子，感受 /ts/ 与 /dz/ 的发音区别。

/ts/

- Lots of cats in hats are in mats.
- Fruits in the baskets are fresh.
- Lots of rats are on the boats.
- He puts some nuts in his carts.

/dz/

- Loads of cards on the beds.
- I have lots of friends. And they are kids.
- He reads a book to learn new words.
- Two kids have two heads and four hands.

第 45 讲　前鼻音 /n/

——/nt/ 的略读

扫码看发音口
形示范视频

01 发音示范

02 Danny 老师的发音秘诀

　　微微张开嘴巴，舌尖紧贴上齿龈，形成阻碍，气流从鼻腔泄出，同时声带振动发出声音。

　　注意：/n/ 是浊辅音，声带振动。/n/ 和 /m/ 是同一组浊辅音。不同的是，/m/ 是"闭嘴音"，而 /n/ 是"开口音"。

03 常见字母及字母组合

n	name	nail	nurse
nn	funny	sunny	tennis
kn	know	knee	knife

- 读单词，注意高亮部分的发音。

sun /sʌn/　　　front /frʌnt/　　　on /ɑn/　　　sunny /ˈsʌnɪ/

- 读句子，注意高亮部分的发音。
  - This one is good. 这个不错。

    /ðɪs wʌn ɪz ɡʊd/

  - It's a lot of fun. 这很有趣。

    /ɪts ə lɑt əv fʌn/

04 本讲知识要点

自己战胜自己是最可贵的胜利。

Danny 老师
金句分享

✔ /nt/ 的略读

　　在单词中若出现"/nt/+ 元音"这种组合，其中的 /nt/ 省略 /t/，只读 /n/。

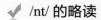

- twenty
- internet
- seventy
- international

05 实战演练

- Nina never knew her new neighbor Nero knew her.
- Nick needs new notebooks for his novel writing.
- Naughty Nathan never noticed the noisy nesting birds.
- Nancy's new neighbor broke nine nice necklaces.

扫码收听
本讲音频

第 46 讲　中鼻音 /m/

——小张嘴训练法

扫码看发音口
形示范视频

01 发音示范

02 Danny 老师的发音秘诀

双唇闭拢，舌头自然放平，软腭下垂，气流从鼻腔泻出，同时振动声带。

注意：/m/ 是浊辅音，声带振动。发声时一定是闭拢双唇，同时会感觉嘴唇也在一起振动。

03 常见字母及字母组合

m	my	me	mad	marry

■ 读单词，注意高亮部分的发音。

man /mæn/　　　name /nem/　　　I'm /aɪm/　　　mom /mʌm/

■ 读句子，注意高亮部分的发音。

- My mother's making me marry Mary. 我妈妈要我娶玛丽。

  /maɪ ˈmʌðɚz mekɪŋ mi ˈmærɪ ˈmɛrɪ/

- Don't make me mad. 别惹我生气。

  /dont mek mi mæd/

04 本讲知识要点

好学如灯，照亮人生道路；上进似翼，翱翔无尽天空。

Danny 老师
金句分享

✔ 小张嘴训练法

在英语中，有很多音（比如双元音）需要非常夸张地读出来，这样才能把每个音发饱满，细节都照顾到。但是在日常表达中不需要非常夸张地发音，可以尝试打开内口腔，进行小张嘴训练。

- Life is short, so make every moment count.
- I love my mother and father.
- I am going home.
- Maria is going to school.

05 实战演练

- I scream; you scream; we all scream for ice cream.
- Max's mother made many mouthwatering muffins.
- Mary makes marvelous macarons on Mondays.
- Morgan's messy room is a mountain of mismatched items.

扫码收听
本讲音频

第 47 讲　后鼻音 /ŋ/

——后鼻音连读

扫码看发音口
形示范视频

01 发音示范

02 Danny 老师的发音秘诀

嘴唇张开，舌后部抬起贴住软腭，阻止气流从口腔泄出；
软腭下垂，气流从鼻腔泄出，同时振动声带。

注意：/ŋ/ 是浊辅音，声带振动。

03 常见字母及字母组合

n	pink	think	drink
ng	sing	song	thing

■ **读单词，注意高亮部分的发音。**

sing /sɪŋ/　　　　　　　　　English /ˈɪŋglɪʃ/
younger /ˈjʌŋgɚ/　　　　　singer /ˈsɪŋɚ/

■ 读句子，注意高亮部分的发音。

- I can sing a song. 我会唱歌。

  /aɪ kæn sɪŋ ə sɔŋ/

- I'm trying to speak English. 我正在尽力说英语。

  /aɪm ˈtraɪɪŋ tu spik ˈɪŋglɪʃ/

04 本讲知识要点

没人会嘲笑竭尽全力的人。

Danny 老师
金句分享

✔ 后鼻音连读

当前一个单词以 /ŋ/ 结尾，后一个单词以元音音素开头，则这两个单词可以连读。

- Seeing is believing.
- What's going on?
- He can sing a song.

05 实战演练

- He thanked the king for the things the king had done for him.
- Singing songs in the evening sun brings joy to everyone.
- The young king's kingdom held a grand gathering of singers.
- The long-lasting longing for strong wings carried him through.

扫码收听
本讲音频

06 播音员 Danny 的超级训练：/n/ /m/ /ŋ/ 发音对比

发音对比：

- /n/：微微张开嘴巴，舌尖紧贴上齿龈，形成阻碍，气流从鼻腔泄出，同时振动声带。
- /m/：双唇闭拢，舌头自然放平，软腭下垂，气流从鼻腔泻出，同时振动声带。
- /ŋ/：嘴唇张开，舌后部抬起贴住软腭，阻止气流从口腔泄出；软腭下垂，气流从鼻腔泄出，同时振动声带。

thin 瘦的   them 他们   thing 事情
sin 罪   Sam 山姆   sing 唱歌

07 小试牛刀

■ 试试朗读下面的单词，并思考 /n/、/m/ 和 /ŋ/ 的发音有什么区别。

sun—sum—sung   win—woman—wing
fan—gum—fang   nine—mam—king
gain—game—ding   seen—seem—song

■ 试试朗读下面的句子，感受 /n/、/m/ 和 /ŋ/ 的发音区别。

/n/

- Nancy never neglects her necessary nighttime routine.
- The noble knight navigated through the narrow path.
- Nathan noticed nine noisy neon signs near the new mall.
- Nancy needs nine new notebooks for the semester.

/m/

- Matt made a marvelous masterpiece with his magical brush.
- The mother's warm smile melted the little girl's heart.
- Sam's mother likes the melody of the music.
- My mother makes marvelous meals in the morning.

/ŋ/

- Singing a song, Angela swang her long hair and smiled.
- The strong king's longing for a peaceful kingdom was deep-rooted.
- The young singer's performance is stunning.
- Singing along to the songs, she showed amazing talent.

Notes

第 48 讲　半元音 /w/ 与 /j/

——常见的句子语调

扫码看发音口
形示范视频

01 发音示范

/w/

/j/

02 Danny 老师的发音秘诀

/w/：双唇收得很圆很小，并向前突出，上下
齿分开贴住嘴唇；

舌头后部向软腭抬起，但不要抵住；

气流从双唇间摩擦而过，同时声带振动，发音短促，立刻向后面的元音滑动。

注意：/w/ 是半元音，半元音不能单独成音，不可以延长。

/j/：双唇向两旁伸展呈扁平状；

舌头前部向硬腭尽量抬起，不要抵住硬腭；

气流从舌和硬腭的缝隙间通过，同时声带需要振动，发音短促，立刻向后面的元音滑动。

注意：/j/ 是半元音，发音口形和元音 /i/ 有点儿相似，但它仍然是辅音。元音可以单独成音，可以延长，半元音不可以单独成音，不可以延长。

03 常见字母及字母组合

w	wear	win	way
wh	what	why	white
y	yard	yellow	young
i	million	opinion	billion

■ 读单词，注意高亮部分的发音。

when /wɛn/   wet /wɛt/   window /'wɪndo/   where /wɛr/

yes /jɛs/   year /jɪr/   young /jʌŋ/   yard /jard/

■ 读句子，注意高亮部分的发音。

- Where are we going? 我们要去哪儿？

  /wɛr ɑr wi 'goɪŋ/

- What's your opinion? 你有什么意见？

  /wɑts jʊr ə'pɪnjən/

04 本讲知识要点

精彩的人生是在有限生命中实现无限价值的人生。

Danny 老师
金句分享

✔ **常见的句子语调**

英语的基本语调有降调和升调。陈述句和特殊疑问句一般用降调，一般疑问句用升调。列举多个例子时，除最后一个用降调，其余部分的举例都用升调。

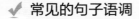 • I like this cake.（降调）

- Where are you?（降调）

- Is this your bag?（升调）

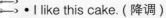 • There are apples, pears, and bananas.（先升调再降调）

/w/

- If two witches watched two watches, which witch would watch which watch? Which wristwatch is a Swiss wristwatch?
- Wendy wants to win the wonderful wand-waving contest.
- William went for a walk with his witty pet cat.
- Wendy's twin sister loves to whistle while walking in the woods.

/j/

- Yellow yarn yields youthful yellow-yolked yuppies.
- You will not be young in ten years.
- I met a young boy in a yellow coat yesterday.
- Year after year, he is still alone.

扫码收听
本讲音频

Notes

第49讲 缩读技巧

01 Danny 老师的发音秘诀

缩读规则：大部分的缩读情况可以理解为"弱读 +
连读"，这种组合以约定俗成的方式固定下来，就是
缩读。

✔ to 的缩读

- going to /'goɪŋ tu/
  gonna /'gɑnə/
  I'm gonna sleep for a while.
  我要睡一会儿。
  /aɪm 'gɑnə slip fɔr ə waɪl/

- need to /nid tu/
  needa /'nidə/
  You needa quit worrying. 你别
  担心了。
  /ju 'nidə kwɪt 'wɜrɪŋ/

- used to /juzd tu/
  usta /'justə/
  I usta play football. 我以前踢足
  球。
  /aɪ 'ustə ple 'futbɔl/

- got to /gɑt tu/
  gotta /'gɑtə /

I gotta go. 我得走了。
/aɪ 'gɑtə go/

✔ of 的缩读

- out of /aʊt əv/
  outta /'aʊtə/
  Get outta here. 离开这里。
  /gɛt 'aʊtə hɪr/

- lots of /lɑts əv/
  lotsa /'lɑtsə/
  Lotsa luck! 祝你好运！
  /'lɑtsə lʌk /

- cup of /kʌp əv/
  cuppa /'kʌpə/
  A cuppa coffee. 一杯咖啡。
  /ə 'kʌpə 'kɑfɪ/

✔ have 的缩读

- would have /wʊd hæv/

woulda /'wʊdə/

I woulda told him. 我应该告诉他的。

/aɪ 'wʊdə told hɪm/

- should have /ʃʊd hæv/

  shoulda /'ʃʊdə/

  I shoulda done that! 我应该那么做的。

  /aɪ 'ʃʊdə dʌn ðæt/

- could have /kʊd hæv/

  coulda /'kʊdə/

  I coulda won! 我本来可以赢的。

  /aɪ 'kʊdə wʌn/

✔ 单词的缩读

- because /bɪ'kɔz/

'cause /kəz/

I won't go 'cause I feel sick. 我不去了，因为我感觉身体不舒服。

/aɪ wont go kəz aɪ fil sɪk/

- give me /gɪv mi/

  gimme /'gɪmi/

  Gimme a break. 饶了我吧！/别说了。

  /'gɪmi ə brek/

- -ing /ɪŋ/

  -in /ɪn/

  What's goin'on? 怎么了？发生了什么？

  /wats goɪn ɑn/

聪明在于勤奋，天才在于积累。

Danny 老师
金句分享

02 实战演练

- We're gonna have lotsa fun.
- He's gotta go. Cause he needa head to the airport.
- We never shoulda talked about this. Gimme a cuppa tea, please.
- Gimme the picture. And tell me what's goin'on?

扫码收听
本讲音频

第50讲 英美音对照复习表

名称		IPA	KK	名称		IPA	KK
单元音	长元音	iː	i	双元音	合口双元音	aɪ	aɪ
	短元音	ɪ	ɪ			əʊ	o
	长元音	uː	u			aʊ	aʊ
	短元音	ʊ	ʊ			ɔɪ	ɔɪ
	长元音	ɔː	ɔ		卷舌双元音	ʊə	ʊr
			ɔr			ɪə	ɪr
	短元音	ɒ	ɑ			eə	ɛr
	长元音	ɜː	ɝ	辅音	爆破音	p	p
	短元音	ə	ɚ			b	b
			ə			t	t
	长元音	ɑː	ɑ			d	d
			ɑr			k	k
	短元音	ʌ	ʌ			g	g
	短元音	e	ɛ		摩擦音	f	f
	短元音	æ	æ			v	v
双元音	合口双元音	eɪ	e			s	s

	名称	IPA	KK		名称	IPA	KK
辅音	摩擦音	z	z		双辅音	tr	tr
	咬舌音	θ	θ			dr	dr
		ð	ð			ts	ts
	小狗喘气音	h	h			dz	dz
	小卷舌音	r	r		前鼻音	n	n
	大卷舌音	l	l		中鼻音	m	m
	嘬嘴音	tʃ	tʃ		后鼻音	ŋ	ŋ
		ʃ	ʃ		半元音	w	w
		ʤ	ʤ			j	j
		ʒ	ʒ				

Part 2
英式发音
46 讲

第 1 讲 长元音 /iː/
——失去爆破和 to 的弱读

扫码看发音口
形示范视频

01 发音示范

02 Danny 老师的发音秘诀

舌尖抵下齿；双唇平展，嘴角向两边咧开，面带微笑；
嘴唇和舌头有紧张感。

03 常见字母及字母组合

e	me	he	we
ea	meat	feat	lead
ie	field	piece	chief
ee	feel	free	see

■ 读单词，注意高亮部分的发音。

eat /iːt/   he /hiː/   piece /piːs/   peel /piːl/

■ 读句子，注意高亮部分的发音。

- Feel free to visit me. 随时来看我。
  /fi:l fri: tu: 'vɪzɪt mi:/

- Seeing is believing. 眼见为实。
- /'si:ɪŋ ɪz bɪ'li:vɪŋ/

04 本讲知识要点

每一次努力都是一次成长，每一次成长
都是为了更好的未来。

Danny 老师
金句分享

✓ **失去爆破和 to 的弱读**

■ 失去爆破

前一个单词以爆破音（/p/ /b/ /t/ /d/ /k/ /g/）结尾，后一个单词以辅音音素开头，前一个爆破音不发音，只做发音的口形。

- visit me
- big mouse
- it looks

- eat lunch
- good morning
- red hat

■ to 的弱读

to 充当介词或者不定式符号在句子中没有实际意义，通常都会弱读为 /tə/。

- go to school
- come to my home
- need to go

- have to do
- talk to you
- want to leave

05 实战演练

- She sells seashells by the seashore.
- The shells she sells are surely seashells.
- So if she sells shells on the seashore, I'm sure she sells seashore shells.

扫码收听
本讲音频

第2讲 短元音 /ɪ/
——单词的音节

01 发音示范

02 Danny 老师的发音秘诀

舌尖抵下齿；

舌头向口腔前部伸，发音过程中保持舌位不变；

双唇微微张开，嘴唇和舌头放松。

03 常见字母及字母组合

a	village	cabbage	message
e	before	become	decide
i	big	sit	live

- 读单词，注意高亮部分的发音。

sit /sɪt/　　　did /dɪd/　　　decide /dɪˈsaɪd/　　　give /gɪv/

■ 读句子，注意高亮部分的发音。

- I live in a big city. 我住在一个大城市里。

  /aɪ lɪv ɪn ə bɪg ˈsɪti/

- I feel a little bit sick. 我感觉有点儿不舒服。

  /aɪ fiːl ə ˈlɪtl bɪt sɪk/

04 本讲知识要点

学习是人生的常态，只有不断学习，才能更好地成长和进步。

Danny 老师
金句分享

✔ 单词的音节

一般情况下，一个单词有几个元音（发音）就有几个音节。但是英语辅音字母中有 4 个响音辅音音素 /m/、/n/、/ŋ/、/l/，它们和爆破音或摩擦音结合，也可构成音节。它们构成的音节往往出现在词尾，一般是非重读音节。

只有一个音节的单词叫作单音节词，有两个音节的单词叫作双音节词，超过两个音节的单词叫作多音节词。

单音节词：• sit
　　　　　• make
双音节词：• sis-ter
　　　　　• ta-ble
多音节词：• beau-ti-ful
　　　　　• ge-o-gra-phy

05 实战演练

- Bill is a silly fish.
- Silly Billy swiftly swam south with the slippery fish.
- Lizzy's fizzy drink quickly made her feel dizzy.
- It's Billy's kitten sitting in the kitchen.

扫码收听
本讲音频

播音员 Danny 的超级训练：/iː/ /ɪ/ 发音对比

> 发音对比：
>
> ◎ /iː/ 是长元音，嘴形比较扁平，嘴角尽量往两边移动；嘴唇和舌头有紧张感。
>
> ◎ /ɪ/ 的发音很短促，发音时要比发 /iː/ 时更使劲；双唇微微张开，嘴唇和舌头放松。

meat 肉   sheep 绵羊   leap 跳跃

mitt 棒球手套   ship 大船   lip 嘴唇

07 小试牛刀

- 试试朗读下面的单词，并思考 /iː/ 和 /ɪ/ 的发音有什么区别。

beat—bit   feel—fill

heat—hit   sheep—ship

seat—sit   will—wheel

- 试试朗读下面的句子，感受 /iː/ 和 /ɪ/ 的发音区别。

/iː/

- I need not your needles; they are needless to me.
- See the breeze teasing the tree, weaving the leaves, and shaking them free.
- We see some sheep and bees.
- To beat the heat, he eats lots of ice cream.

/ɪ/

- It's Billy's kitten sitting in the kitchen.
- Why is Silly Billy silly?
- Why does Silly Billy love lily?
- Silly felt a little bit sick.

第3讲　长元音 /uː/
——"元音 + 元音"连读

01 发音示范

02 Danny 老师的发音秘诀

发音时舌身后缩，舌后部抬起，嘴巴收紧；
双唇前突呈小圆状，牙齿接近闭合，振动声
带，由喉部发出类似"屋"的音。

03 常见字母及字母组合

o	lose	move	shoe
oo	boot	food	school
u	blue	clue	flute
ew	blew	grew	drew

- 读单词，注意高亮部分的发音。

  moon /muːn/   true /truː/   do /duː/   flew /fluː/

- 读句子，注意高亮部分的发音。

  - Let's go to school. 我们去上学吧。

    /lets gəʊ tuː skuːl/

  - I enjoy losing face. 我喜欢丢脸。

    /aɪ ɪn'dʒɔɪ 'luːzɪŋ feɪs/

04 本讲知识要点

只有不断追求卓越，才能成为更好的自己。

Danny 老师
金句分享

✔ "元音 + 元音" 连读

如果前一个单词是以元音 /iː/，/ɪ/ 或 /eɪ/，/aɪ/，/ɔɪ/ 结尾，后一个单词以元音开头，那么，在 /iː/，/ɪ/，/eɪ/，/aɪ/，/ɔɪ/ 后面加上一个辅音 /j/，两个单词连读。

- say (j) it
- I (j) am
- be (j) able
- see (j) again
- may (j) I
- pay (j) it

05 实战演练

- One-One was a racehorse. Two-Two was one, too.
- When One-One won one race, Two-Two won one, too.
- Bluebirds in blue birdbaths.
- If Stu chews shoes, should Stu choose the shoes he chews?
- Roofs of mushrooms rarely mush too much.

扫码收听
本讲音频

第 4 讲　短元音 /ʊ/

——"/r/ + 元音"连读（一）

扫码看发音口
形示范视频

01 发音示范

02 Danny 老师的发音秘诀

发音时口形小而圆，舌身后缩；

舌后向软腭抬起，振动声带，短促有力地由舌后咽喉部位发出类似中文"呜"的音。

注意：/ʊ/ 是短元音，要诀是发音时收小腹，牙床半合，短促有力。

03 常见字母及字母组合

oo	cook	book	foot
u	push	pull	full
oul	would	should	could

■ 读单词，注意高亮部分的发音。

good /gʊd/　　　look /lʊk/　　　　could /kʊd/　　　put /pʊt/

■ 读句子，注意高亮部分的发音。

- It looks good. 看上去挺好的。

  /ɪt lʊks gʊd/

- You should go there on foot. 你应该步行去那里。

  /ju: ʃʊd gəʊ ðeə(r) ɒn fʊt/

04 本讲知识要点

人生没有捷径，唯有勤奋和坚持，才能取得成功。

Danny 老师
金句分享

✔ "/r/ + 元音" 连读（一）

当一个单词以字母组合 -re 结尾，发 /r/ 的音，后一个单词以元音音素开头，则这两个单词可以连读。

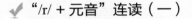

- go there on foot
- there is
- where is

- here and there
- there are
- where are

05 实战演练

- Underwood would read a book.
- Underwood didn't know where his book was.
- Underwood's book was in Durwood's woods.
- Underwood went into Durwood's woods and got his book.

扫码收听
本讲音频

06 播音员 Danny 的超级训练：/uː/ /ʊ/ 发音对比

发音对比：

- /uː/ 是长元音，发音时舌身后缩，舌后部抬起，嘴巴收紧，双唇前突呈小圆状，牙齿接近闭合，由喉部发出类似中文"屋"的音。

- /ʊ/ 是短元音，发音时嘴唇小而圆，舌身后缩，舌后向软腭抬起，发音时收小腹，牙床半合，短促有力。

food 食物	fool 蠢人	boot 靴子
foot 脚	full 充满	book 书

07 小试牛刀

- 试试朗读下面的单词，并思考 /uː/ 和 /ʊ/ 的发音有什么区别。

loose—look	mood—wood
food—good	cool—cook
shoe—should	tooth—took

- 试试朗读下面的句子，感受 /uː/ 和 /ʊ/ 的发音区别。

/uː/

- I never go to school at two in the afternoon.
- My tooth is loose. I'm in a bad mood.
- I am like a fool in these boots.
- Stu drew a blue moon.

/ʊ/

- The cookbook looks good.
- Could you cook a meal for me?
- You should put away your book.
- You should pull the string and push the button.

第 5 讲　长元音 /ɔː/

——单词内失爆

扫码看发音口
形示范视频

01 发音示范

02 Danny 老师的发音秘诀

　　发音时嘴唇收圆，稍向前突出，舌身后缩，舌后部抬起，振动声带。

03 常见字母及字母组合

al	fall	ball	walk
aw	draw	saw	paw
au	cause	pause	taught

■ 读单词，注意高亮部分的发音。

call /kɔːl/　　law /lɔː/　　naught /nɔːt/　　bought /bɔːt/

■ 读句子，注意高亮部分的发音。

- Let's play football. 我们去踢足球吧。

/lets pleɪ ˈfʊtbɔːl/

- I fall in love with basketball. 我爱上了篮球。

/aɪ fɔːl ɪn lʌv wɪð ˈbɑːskɪtbɔːl/

04 本讲知识要点

勇于开始，才能找到成功的路。

Danny 老师
金句分享

✔ **单词内失爆**

当爆破音和辅音音素相邻，出现在单词内部时，爆破音不发音，只做口形。

- football
- picture
- advice

- basketball
- friendly
- blackboard

05 实战演练

- I saw Esau kissing Kate. I saw Esau, he saw me, and she saw I saw Esau.
- Paul called from the hall that he had slipped on the floor and couldn't get to the door.
- George saw a short orange orchard.
- Tall Paul ate some awful corn sauce.

扫码收听
本讲音频

第6讲 短元音 /ɒ/

——英音中的 /ɒ/ 和美音中的 /ɑ/ 的区别

扫码看发音口
形示范视频

 01 发音示范

02 Danny 老师的发音秘诀

发音时双唇稍收圆，舌身降低后缩，振动声
带，短促有力地发出 /ɒ/ 音。

注意：/ɒ/ 的发音特点是低舌位、后舌位、圆唇。

03 常见字母及字母组合

o	box	fox	dot
a	watch	want	waffle

■ **读单词，注意高亮部分的发音。**

not /nɒt/　　　hot /hɒt/　　what /wɒt/　　wash /wɒʃ/

■ 读句子，注意高亮部分的发音。

- The fox is not in the box. 狐狸不在箱子里。

  /ðə fɒks ɪz nɒt ɪn ðə bɒks/

- I need some hot water. 我需要一些热水。

  /aɪ niːd sʌm hɒt 'wɔːtə ɪə/

04 本讲知识要点

不要等待机会，而是创造机会。

Danny 老师
金句分享

✔ **英音中的 /ɒ/ 和美音中的 /ɑ/ 的区别**

　　KK 音标中并不存在与 /ɒ/ 对应的短音。IPA 音标中短音 /ɒ/ 对应的是 KK 音标中的长音 /ɑ/。

- hot
- top
- fox

- pot
- mop
- box

05 实战演练

- Bob took a hot pot, but he overturned the pot and the hot water spattered on the floor.
- The hot pot got caught in the fog.
- The dog jogged through the bog to find a frog.
- Rob dropped the box of chocolate on the socks.

扫码收听
本讲音频

06 播音员 Danny 的超级训练：/ɔː/ /ɒ/ 发音对比

> 发音对比：
>
> ◎ /ɔː/ 是长元音，发音时嘴唇收圆，稍向前突出，舌身后缩，舌后部抬起，嘴形比 /ɒ/ 更紧，更圆一点儿。
>
> ◎ /ɒ/ 是短元音，发音时双唇稍收圆，舌身降低后缩，短促有力。

caught 抓到   fork 叉子   short 矮的

cot 小床   fox 狐狸   shot 射击

07 小试牛刀

- 试试朗读下面的单词，并思考 /ɔː/ 和 /ɒ/ 的发音有什么区别。

court—cot   sport—spot   stalk—stock

walk—wok   port—pot   cork—cock

- 试试朗读下面的句子，感受 /ɔː/ 和 /ɒ/ 的发音区别。

/ɔː/

- The store owner swore he saw a ghost in the corridor.
- Florence poured orange juice into the tall glass.
- The storm caused the porch to collapse into pieces.
- The short man named Paul bought some corn.

/ɒ/

- Bob has got a job at the coffee shop on the corner.
- Tom got a box of chocolates for his mom's birthday.
- The doctor told Rob to stop eating hot dogs with lots of salt.
- The robber dropped the stolen watch on the box.

第 7 讲　长元音 /ɑː/

——相同辅音的连读

扫码看发音口
形示范视频

01 发音示范

02 Danny 老师的发音秘诀

发音时上下齿张开，嘴巴张大呈圆形，舌身后缩，舌后部稍抬高，由喉部发类似"啊"的音。

03 常见字母及字母组合

ar	star	car	dark
a	class	glass	after

■ 读单词，注意高亮部分的发音。

far /fɑː/　　　park /pɑːk/　　　hard /hɑːd/　　　large /lɑːʤ/

■ 读句子，注意高亮部分的发音。

- I got a new car. 我买了一辆新车。

  /aɪ gɒt ə nju: kɑː/

- She's so sharp. 她是如此聪明。

  /ʃiːz səʊ ʃɑːp /

04 本讲知识要点

成功不是将来才有的，而是从决定去做的

那一刻起，持续累积而成。

Danny 老师
金句分享

✔ **相同辅音的连读**

    两个相邻的单词，当前一个单词词尾的辅音音素和后一个单词开头的辅音音素相同时，把它们连读。

- There is a gas station.
- She speaks Spanish.
- There is a bus stop.

05 实战演练

- The calm llama grazed in the vast grassy field.
- Alex's father took a bath in the large marble bathtub.
- The car alarm blared loudly in the dark parking lot.
- The farmer saw a tall palm tree in the yard.

扫码收听
本讲音频

第 8 讲　短元音 /ʌ/

——辅音与半元音 /j/ 连读

扫码看发音口
形示范视频

01 发音示范

02 Danny 老师的发音秘诀

　　发音时嘴巴张开一半，牙齿分开，舌中部抬起，舌尖和舌端贴在下齿，由喉部推出气流，发出短促有力的类似"啊"的音。

　　注意：/ʌ/ 是短元音，要诀是发音时收小腹，注意与 /ɑː/ 音的区别。

03 常见字母及字母组合

u	run	duck	jump
o	mother	come	money
ou	touch	country	double

■ 读单词，注意高亮部分的发音。

but /bʌt/　　　love /lʌv/　　　luck /lʌk/　　　trouble /'trʌbl/

■ 读句子，注意高亮部分的发音。

• Never trouble troubles until trouble troubles you. 不要自找麻烦。

/'nevə(r) 'trʌbl 'trʌblz ən'tɪl 'trʌbl 'trʌblz juː/

• I love you. 我爱你。

/aɪ lʌv juː/

04 本讲知识要点

智者的梦再美，也不如愚人实干的脚印。

Danny 老师
金句分享

✔ **辅音与半元音 /j/ 连读**

　　当前一个单词以辅音音素结尾，后一个单词以 /j/ 开头，则两个单词可以连读。

• Thank you very much.
• I will help you.
• May I ask you a question?
• Wish you good luck!

05 实战演练

• Funny bunnies jump and run under the shining sun.
• The chubby puppy loves to jump up and down on the bumpy ground.
• The mother duck clucks, "Quack, quack!" as her ducklings play in the muddy pack.
• It's just for fun or for love.

扫码收听
本讲音频

06 播音员 Danny 的超级训练：/ɑː/ /ʌ/ 发音对比

发音对比：

◎ 发 /ɑː/ 音时，上下齿张开，嘴巴张大呈圆形，舌身后缩，舌后部稍抬高，由喉部发类似"啊"的音。

◎ 发 /ʌ/ 音时，发音时嘴巴张开一半，牙齿分开，舌中部抬起，舌尖和舌端贴在下齿，由喉部推出气流，声音短促有力。

large 大的　　　　part 部分　　　　cart 小推车
luck 幸运　　　　shut 关闭　　　　cut 切

07 小试牛刀

■ 试试朗读下面的单词，并思考 /ɑː/ 与 /ʌ/ 的发音有什么区别。

hard—hut　　　　card—cut　　　　class—club
bark—but　　　　farm—love　　　　father—mother

■ 试试朗读下面的句子，感受 /ɑː/ 与 /ʌ/ 的发音区别。

/ɑː/

The large barnyard is full of farm animals like cows, goats, and horses.

My father started the car and drove it along the dark road.

The park's vast grassy meadow is a perfect spot for a picnic.

The calm starry night sky cast a magical aura over the large lake.

/ʌ/

I love my mother very much.

I have a rubber and a cup with luck.

The mother covered her loving brother with a warm hug.

The unlucky duckling got stuck in the muddy puddle.

第 9 讲　长元音 /ɜː/

——爆破音的连读

扫码看发音口
形示范视频

01 发音示范

02 Danny 老师的发音秘诀

发音时嘴形呈扁平状，上下齿微开，舌身自然平放，舌中部向硬腭抬起，气流在舌后部流出，发出类似中文"饿"的音。

注意：在美式发音中，此音后常常加上一个 /r/ 的音，所以会卷舌。

03 常见字母及字母组合

ir	shirt	first	third
ur	fur	burn	purse
ear	earn	search	earth
or	world	worm	worse

■ 读单词，注意高亮部分的发音。

bird /bɜːd/　　　turn /tɜːn/　　　learn /lɜːn/　　　work /wɜːk/

■ 读句子，注意高亮部分的发音。

- I work in a nursery school. 我在幼儿园工作。

/aɪ wɜːk ɪn ə 'nɜːsəri skuːl/

- This is my first purpose. 这是我的第一个目的。

/ðɪs ɪz maɪ fɜːst 'pɜːpəs/

04 本讲知识要点

勇往直前，永不放弃。

Danny 老师
金句分享

✔ 爆破音的连读

前一个单词以爆破音（/p/ /b/ /t/ /d/ /k/ /g/）结尾，后一个单词以爆破音（/p/ /b/ /t/ /d/ /k/ /g/）开头，前一个单词的爆破音不发音，只做发音的口形。

- hot day
- bad day
- big cake
- hot tea
- big girl
- superb player

05 实战演练

- The girl in a shirt is a nurse.
- The girl with curls twirled her skirt and swirled in the whirlpool.
- The first bird heard a word and stirred.
- Herbs hurt her tongue and she slurped her soup.

扫码收听
本讲音频

第10讲　短元音 /ə/

——常见的名词后缀

扫码看发音口
形示范视频

01 发音示范

02 Danny 老师的发音秘诀

发音时牙床半开，双唇略呈扁平状，舌身平放；

舌头中部伸向硬腭，不要与之接触；口部肌肉
和舌头放松，振动声带，气流向外发出 /ə/ 音。

注意：/ə/ 是中央、不圆唇、非重读元音。在美式发音中，如果这个音跟着字
母 r，要卷舌。

03 常见字母及字母组合

er	dancer	driver	writer
or	tailor	anchor	actor
ou	humorous	delicious	dangerous
o	biology	occur	psychology

■ 读单词，注意高亮部分的发音。

teacher /'ti:tʃə(r)/   doctor /'dɒktə(r)/   actor /'æktə(r)/

pilot /'paɪlət/   famous /'feɪməs/   purpose /'pɜːpəs/

■ 读句子，注意高亮部分的发音。

- My teacher is a famous actor. 我的老师是一位有名的演员。

  /'maɪ 'ti:tʃə(r) ɪz ə 'feɪməs 'æktə(r)/

- The food is delicious. 食物很美味。

  /ðə fu:d ɪz dɪ'lɪʃəs/

04 本讲知识要点

永不放弃是你梦想实现的秘诀。

Danny 老师
金句分享

✔ **常见的名词后缀**

有一些动词加上 -or 或者 -er（以 o/e 结尾直接加 -r）可以变成对应的名词，通常用来表示"从事……工作 / 职业或者做……事情的人"。

- tail—tailor 裁缝
- act—actor 演员
- invest—investor 投资者
- dance—dancer 跳舞者
- drive—driver 司机
- write—writer 作家

05 实战演练

- The bottom of the butter bucket is the buttered bucket bottom. "The bun is better buttered," Buffy muttered.
- My father is a famous singer and actor.
- My mother is a famous anchor and writer.
- This is a good idea about being a dancer.

扫码收听
本讲音频

06 播音员 Danny 的超级训练：/ɜː/ /ə/ 发音对比

> 发音对比：
> - 发 /ɜː/ 时嘴形呈扁平状，上下齿微开，舌身自然平放，舌中部向硬腭抬起，气流在舌后部流出发出类似中文"饿"的音。
> - 发 /ə/ 时牙床半开，双唇略呈扁平状，舌身平放；舌中部伸向硬腭，不要与之接触；口部肌肉和舌头放松。

bird 小鸟   skirt 半身裙   sir 先生

banana 香蕉   actor 演员   teacher 老师

07 小试牛刀

■ 试试朗读下面的单词，并思考 /ɜː/ 与 /ə/ 的发音有什么区别。

word—today   nurse—mother   fern—father

learn—idea   early—sofa   worm—panda

■ 试试朗读下面的句子，感受 /ɜː/ 与 /ə/ 的发音区别。

/ɜː/

- The nurse wore a purple skirt.
- The nurse earned her degree and now at the church hospital.
- She heard a bird singing in the early morning as she stirred her coffee.
- The worker diligently worked to earn a higher wage.

/ə/

- The waiter served a delicious hamburger with a side of French fries.
- The teacher gave a lecture about earth plants today.
- A bunch of bananas and a toy panda are on the sofa.
- We walked along the river and enjoyed the peaceful atmosphere.

第 11 讲　短元音 /e/

——击穿技巧（一）

01 发音示范

扫码看发音口
形示范视频

02 Danny 老师的发音秘诀

嘴唇向两侧微微分开，上下齿之间大约可容纳
一个小指头尖的距离；

舌前部在发音过程中抬起，舌尖抵下齿。

03 常见字母及字母组合

ea	bread	sweater	feather
a	any	many	says
e	pet	bet	desk

■ 读单词，注意高亮部分的发音。

head /hed/　　　many /ˈmenɪ/　　　bed /bed/　　　let /let/

■ 读句子，注意高亮部分的发音。

- His head rested on the desk. 他的头靠在桌子上。

/hɪz hed ˈrestɪd ɒn ðə desk/

- Well done is better than well said. 说得好不如做得好。

/wel dʌn ɪz ˈbetə(r) ðæn wel sed/

04 本讲知识要点

每一次努力都是一种进步，不要低估自己的能力和价值。

Danny 老师
金句分享

✔ **击穿技巧（一）**

前一个单词以辅音音素结尾，后一个单词以 /h/ 开头，这时候 /h/ 的发音就会省略；前一个单词的辅音音素会直接和去掉 /h/ 以后紧跟的元音音素连读。

- his head
- tell her
- ask him

- help her
- dark horse
- right here

05 实战演练

- Eddie's enemies envied Eddie's energy, but Eddie never envied his enemies' energy.
- A pleasant peasant keeps a pleasant pheasant and both the peasant and the pheasant are having a pleasant time together.
- Seventy-seven benevolent elephants.
- Eddie eats eight extra eggs every evening.

扫码收听
本讲音频

第 12 讲　短元音 /æ/

——英美发音的差异

01 发音示范

扫码看发音口
形示范视频

02 Danny 老师的发音秘诀

嘴唇向两侧尽量分开，嘴巴张开较大，上下
齿之间大约可容纳两个手指的宽度；

舌前部在发音过程中抬起，舌尖稍微接触下
齿背。

03 常见字母及字母组合

a	cat	bag	mad	flag

■ **读单词，注意高亮部分的发音。**

bad /bæd/　　　fat /fæt/　　　have /hæv/

■ 读句子，注意高亮部分的发音。

- You have a bad attitude. 你的态度不好。

  /juː hæv ə bæd 'ætɪtjuːd/

- It is a fat cat. 这是一只胖猫。

  /ɪt ɪz ə fæt kæt/

04 本讲知识要点

做自己喜欢的事情，这样你才能保持
激情和动力。

Danny 老师
金句分享

✔ **英美发音的差异**

有一些单词在美式发音中发 /æ/，对
应的英式发音发 /ɑː/。通常是当字母 a 后
面有字母 s 和字母 f 时，/æ/ 会变成 /ɑː/。

- class
- pass
- fast

- glass
- afternoon
- last

05 实战演练

- How many yaks could a yak pack if a yak pack could pack yaks?
- Alice asks for axes.
- A black bat bit a big black bug.
- Sam packed his backpack with snacks for the camping trip.

扫码收听
本讲音频

06 播音员 Danny 的超级训练：/e/ /æ/ 发音对比

发音对比：

◎ /e/：嘴唇向两侧微微分开，舌头平放，舌尖轻轻抵住下齿，脸部肌肉放松。

◎ /æ/：嘴形比发 /e/ 时更大，嘴巴张开，舌头平放，舌尖抵住下齿，嘴角肌肉有紧绷感。

bed 床   pen 钢笔   pet 宠物

bad 坏的   pan 平底锅   pat 轻拍

07 小试牛刀

■ 试试朗读下面的单词，并思考 /e/ 与 /æ/ 的发音有什么区别。

head—had   said—sad   set—sat

hem—ham   beg—bag   shell—shall

■ 试试朗读下面的句子，感受 /e/ 与 /æ/ 的发音区别。

/e/

• Eddie said he had a headache.

• Ten men fed the pigs in the pen.

• Ten beggars said "Merry Christmas".

• Ella loves pets and shells.

/æ/

• I had a bad day. I am sad.

• The girl with a bag had some ham.

• I pat a black cat.

• Don't laugh at that man.

第13讲　双元音 /eɪ/
——动词结尾 -ed 的读法

01 发音示范

扫码看发音口
形示范视频

02 Danny 老师的发音秘诀

/eɪ/ 音由 /e/ 和 /ɪ/ 构成；嘴巴张开先发 /e/，然后慢慢滑向 /ɪ/，/ɪ/ 发得轻而短，几乎只做口形；

发音时音量从强到弱，前长后短，前重后轻。

注意：/eɪ/ 是"合口双元音"，即牙床由半开到接近半合，由大到小。

03 常见字母及字母组合

ea	break	treat	great
ay	day	play	stay
ai	train	rain	drain
a_e	make	take	lake

- 读单词，注意高亮部分的发音。

  say /seɪ/　　　great /greɪt/　　　today /tə'deɪ/　　　rain /reɪn/

- 读句子，注意高亮部分的发音。

  - It's a great day today. 今天是美好的一天。

    /ɪts ə greɪt deɪ tə'deɪ/

  - He tasted the cake. 他尝了蛋糕。

    /hiː 'teɪstɪd ðə keɪk/

04 本讲知识要点

不要在意别人的眼光和评价。只要你相信自己，就能做到任何事情。

Danny 老师
金句分享

✔ **动词词尾 –ed 的读法**

以辅音 /t/ 或 /d/ 结尾的规则动词，变过去式、过去分词后，词尾 -ed 发 /ɪd/。

- tasted
- ended
- added
- wanted
- invited
- rented

05 实战演练

- Bake a cake for Kate. She'll be late.
- A plate of cake was placed on a lake by a fake snake.
- The rain in Spain stays mainly on the plain.
- May I pay my bill with an eight-dollar bill today?

扫码收听
本讲音频

第14讲 双元音 /aɪ/

——句子的意群划分

01 发音示范

扫码看发音口
形示范视频

02 Danny 老师的发音秘诀

/aɪ/ 音由 /a/ 和 /ɪ/ 构成；

嘴巴张开先发 /a/（发音同 /ɑ:/），然后慢慢滑向 /ɪ/，/ɪ/ 发得弱而短；

发音时音量从强到弱，前长后短，前重后轻。

注意：/aɪ/ 是"合口双元音"，即牙床由半开到接近半合，口形由大到小。

03 常见字母及字母组合

y	sky	my	type
ie	pie	tie	lie

- 读单词，注意高亮部分的发音。

  fly /flaɪ/　　high /haɪ/　　die /daɪ/　　line /laɪn/　　shine /ʃaɪn/

- 读句子，注意高亮部分的发音。

  - Don't be shy; just try. 别害羞，试一试吧。

    /dəʊnt biː ʃaɪ dʒʌst traɪ/

  - I like white. 我喜欢白色。

    /aɪ laɪk waɪt/

04 本讲知识要点

只要不断前行，就能看到更多更美的风景。

Danny 老师
金句分享

✔ 句子的意群划分

　　将一个稍长的句子按意思和结构划分成若干个具有一定意义的部分，每个部分即一个意群。在读句子时可以根据意群进行适当的停顿，让句子听起来更有节奏感。

- Don't be shy; / just try.（根据标点符号）
- I need to / get my friend / to help me / to shoot a video.（根据语义）
- Ronnie and Sally / went hiking / last weekend.（根据语义）
- The girl on the cover / looks very pleased.（根据语法）

05 实战演练

- There is a pie in my eye. Will I cry? Will I die? Though I am shy. I will not lie. It might cause a sty, but I deny that I will die or cry from the pie in my eye.
- High in the sky, the fly flew by.
- Buy a pie, bye-bye; don't be shy.
- Try to tie a fly on a dry line; then fry the fish you catch.

扫码收听
本讲音频

英式
发音 **46讲**

第15讲　双元音 /əʊ/

——连词弱读

01 发音示范

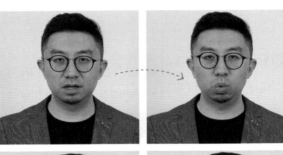

扫码看发音口
形示范视频

02 Danny 老师的发音秘诀

/əʊ/ 由 /ə/ 和 /ʊ/ 构成；

首先嘴形呈半圆状并稍向前突出，舌后部向软
腭抬起，发出 /ə/，然后很快滑向 /ʊ/；

注意：这个音是字母 "o" 的读音。

03 常见字母及字母组合

ow	low	slow	bowl
oa	goat	loaf	throat
o	no	so	told

■ 读单词，注意高亮部分的发音。

know /nəʊ/   boat /bəʊt/   toe /təʊ/

snow /snəʊ/   road /rəʊd/   foe /fəʊ/

■ 读句子，注意高亮部分的发音。

• I've told you so. 我已经告诉过你了。

/aɪv təʊld ju: səʊ/

• I know what you mean. 我明白你的意思。

/aɪ nəʊ wɒt ju: mi:n/

04 本讲知识要点

成功的秘诀不在于你拥有多少知识和技能，
而在于你如何运用这些知识和技能。

Danny 老师
金句分享

✔ **连词弱读**

连词是虚词，在句子中一般会弱读，弱读的时候将元音变成中央元音 /ə/ 即可。

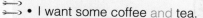

• I want some coffee and tea.
• Would you like some fish and chips?
• It's true, but that's not impossible.
• I sing as well as my brother.

05 实战演练

• Row, row, row your boat gently down the stream.
• Don't go broke trying to make a joke about smoke and fog.
• The slow snow falls softly through the night.
• The oboe and cello sat alone, echoing tone for tone.

扫码收听
本讲音频

第16讲 双元音 /aʊ/
——"辅音 + 元音"连读

01 发音示范

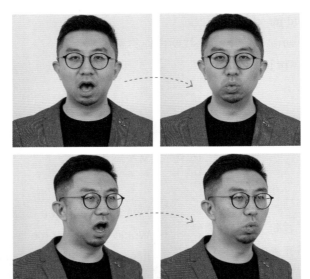

扫码看发音口
形示范视频

02 Danny 老师的发音秘诀

/aʊ/ 由 /a/ 和 /ʊ/ 构成;

嘴巴张大先发 /a/（发音同 /ɑː/），然后滑向 /ʊ/;

发音时口形由大变小，音量由强到弱，由长到短，由清晰到含糊。

03 常见字母及字母组合

ow	how	bow	wow
ou	aloud	outside	mouse

■ 读单词，注意高亮部分的发音。

house /haʊs/   now /naʊ/   cow /kaʊ/

shout /ʃaʊt/   loud /laʊd/

■ 读句子，注意高亮部分的发音。

• Speak out loud. 大声说出来。

/spiːk aʊt laʊd/

• How about you? 你呢？

/haʊ əˈbaʊt juː/

04 本讲知识要点

没有经历过逆境的人不知道自己的力量。

Danny 老师
金句分享

✔ "辅音＋元音"连读

相邻的两个单词，如果前一个单词以辅音音素结尾，后一个单词以元音音素开头，这两个单词连读。

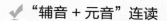

• speak out
• come in
• not at all

• think about it
• stand up
• have a nice day

05 实战演练

• The loudest hound in town bow-wowed at a mouse.
• A loud crowd of proud boys vowed to find out how the trout was caught by the owl and the mouse.
• The hound found a profound book on the ground.
• How now, brown cow?

扫码收听
本讲音频

第 17 讲　双元音 /ɔɪ/
——单词内加 /j/ 连读

01 发音示范

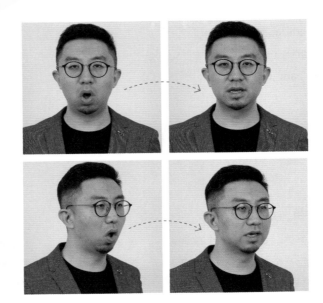

扫码看发音口
形示范视频

02 Danny 老师的发音秘诀

　　/ɔɪ/ 由 /ɔ/ 和 /ɪ/ 构成；

　　下颌张开，嘴唇略呈圆形，先发 /ɔ/，然后慢
慢滑向 /ɪ/，/ɪ/ 发得轻而短，几乎只做口形；

　　发音时音量从强到弱，前长后短，前重后轻。

　　注意：/ɔɪ/ 是"合口双元音"，即牙床由半开到接近半合，口形由稍大且圆变
为小而扁。

160　　英美发音一本通

03 常见字母及字母组合

oy	soy	joy	annoy
oi	soil	coin	voice

■ 读单词，注意高亮部分的发音。

boy /bɔɪ/   toy /tɔɪ/   oil /ɔɪl/

noise /nɔɪz/   choice /tʃɔɪs/

■ 读句子，注意高亮部分的发音。

- Keep quiet. Don't make a noise. 保持安静。不要发出声音。
  /kiːp ˈkwaɪət dəʊnt meɪk ə nɔɪz/

- Give your voice and make your choice. 发出你的声音，做出你的选择。
  /gɪv jɔː vɔɪs ænd meɪk jɔː tʃɔɪs/

04 本讲知识要点

梦里能达到的地方，总有一天，
脚步也能达到。

Danny 老师
金句分享

✔ 单词内加 /j/ 连读

元音和元音的连读也出现在单词内部。
相邻的两个元音，前一个元音是 /ɪ/ 或者 /iː/
(/aɪ/ /eɪ/ /ɔɪ/ 是以 /ɪ/ 结尾，也看作 /ɪ/) 结尾，
这个元音与其后的元音中间加 /j/ 连读。

- qui(j)et
- see(j)ing
- high(j)er

- Mari(j)a
- re(j)alize
- fi(j)ancé

05 实战演练

- The spoiled boy lost his toy and made a lot of noise.
- The boy in the toy store said "Oh boy, what joy!"
- No noise annoys me more than noisy boys with toys.
- Roy has a beautiful voice. He can make a good choice.

扫码收听
本讲音频

第 18 讲　双元音 /ʊə/

——加 /w/ 连读

01 发音示范

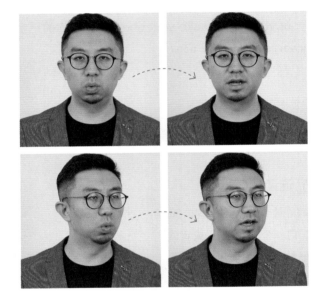

扫码看发音口
形示范视频

02 Danny 老师的发音秘诀

/ʊə/ 由 /ʊ/ 和 /ə/ 构成；

先发元音 /ʊ/，然后慢慢滑向 /ə/；

发音前长后短，前强后弱；口形由收圆变为最后半开。

注意：美式发音经常出现卷舌音，书写形式是 /ʊr/。

03 常见字母及字母组合

ure	sure	unsure	assure
our	tour	detour	tourist

■ 读单词，注意高亮部分的发音。

sure /ʃʊə(r)/   poor /pʊə(r)/   tour /tʊə(r)/   assure /əˈʃʊə(r)/

■ 读句子，注意高亮部分的发音。

• The students here are so poor. 这里的学生太穷了。
/ðə ˈstjuːdənts hɪə ɑː səʊ pʊə(r)/

• I'm not sure if it is my duty. 我不确定这是否是我的职责。
/aɪm nɒt ʃʊə(r) ɪf ɪt ɪz maɪ ˈdjuːti/

04 本讲知识要点

学无止境，持续学习能让你不断成长！

Danny 老师
金句分享

✔ **加 /w/ 连读**

前一个单词以长元音 /uː/ 或短元音 /ʊ/ 结尾（双元音 /aʊ/、/əʊ/ 也是以短元音 /ʊ/ 结尾），后一个单词以元音音素开头，则这两个单词加 /w/ 连读。

• go(w) away   • go(w) on
• do(w) it   • no(w) end
• who(w) else   • how(w) about

05 实战演练

• Sure cure: endure the lure of pure allure.
• He lured the poor to lure the poorer.
• The poor boy is curious about the tour.
• I'm not sure if the tourists need to make a detour.

扫码收听
本讲音频

第19讲 双元音 /ɪə/

——"/r/ + 元音"连读（二）

01 发音示范

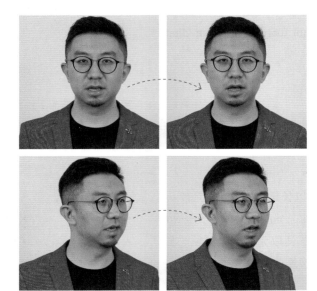

扫码看发音口
形示范视频

02 Danny 老师的发音秘诀

/ɪə/ 由 /ɪ/ 和 /ə/ 构成；

先短发 /ɪ/ 的音，嘴唇呈扁平状，嘴不要张得太大；

然后很快滑向 /ə/，发音过程中口形始终半开。

注意：美式发音中，/ə/ 后有 /r/ 要卷舌，书写形式是 /ɪr/。

03 常见字母及字母组合

ere	mere	here	sphere
ear	near	dear	tear
eer	deer	beer	career

■ 读单词，注意高亮部分的发音。

here /hɪə/   year /jɪə/   ear /ɪə/   deer /dɪə/

■ 读句子，注意高亮部分的发音。

• The deer is near here. 鹿就在附近。

/ðə dɪə ɪz nɪə hɪə/

• She drinks beer with tear. 她含泪喝啤酒。

/ʃiː drɪŋks bɪə wɪð tɪə/

04 本讲知识要点

细水长流，持续的学习和努力将给你带来巨大的回报！

Danny 老师
金句分享

✔ "/r/ + 元音" 连读（二）

当一个单词以字母 r 结尾，发 /r/，后一个单词以元音音素开头，则这两个单词连读。

• go for it   look for it
• under it   sister and brother
• a pair of   father and mother

05 实战演练

• I shed tears for he shears my dear toy deer's ear.
• The deer near the clear lake fear the spear.
• Cheer up, dear; the beer is here!
• The mere idea of a tear in her sheer dress gave her great fear.

扫码收听
本讲音频

第 20 讲　双元音 /eə/
——以 -ing/-ed 结尾的形容词

01 发音示范

扫码看发音口
形示范视频

02 Danny 老师的发音秘诀

/eə/ 音由 /e/ 和 /ə/ 构成；
先发元音 /e/，同时舌尖轻触下齿；
然后很快滑向 /ə/，发音过程中双唇半开。

03 常见字母及字母组合

air	hair	pair	chair
ear	bear	wear	pear
ere	where	there	ere
are	share	care	fare

- 读单词，注意高亮部分的发音。

air /eə/   fair /feə/   bear /beə/   there /ðeə/

- 读句子，注意高亮部分的发音。

  - Look at your scaring hair. 看看你那吓人的头发。

    /lʊk æt jɔː 'skeərɪŋ heə/

  - You can air the pair of shoes. 你可以把这双鞋晾起来。

    /juː kæn eə ðə peə əv ʃuːz/

04 本讲知识要点

每一次学习都是在向自己投资，不要浪费宝贵的机会。

Danny 老师
金句分享

✔ 以 -ing/-ed 结尾的形容词

有一些动词加上 -ing 和 -ed 后会变成对应的形容词。以 -ing 结尾的形容词一般用来描述人和事物的特性，"令人……的"；以 -ed 结尾的形容词一般用来描述人（动物）自身的感受和状态。

- He is scared of this scaring snake.
- I am excited about the exciting news.
- She is interested in this interesting game.
- The news is so worrying. She is worried.

05 实战演练

- Beware! That's a bear lair.
- Pierre was not aware of the bear in the lair until the bear gave a glare and Pierre ran from there.
- The glare from the flare scared the bear by the chair.
- The pair of chairs in the lair were made of pear wood.

扫码收听
本讲音频

第 21 讲 爆破音 /p/

——/p/ 的浊化

01 发音示范

扫码看发音口
形示范视频

02 Danny 老师的发音秘诀

首先紧闭双唇，阻止气流流出；

突然分开双唇，气流冲出口腔，气流受嘴唇阻碍被爆破，产生短暂的气流声。

注意：/p/ 是清辅音，声带不振动，产生的声音不是声带振动所致而是气流声。

03 常见字母及字母组合

p	cap	paint	pear
pp	apple	happy	puppy

■ 读单词，注意高亮部分的发音。

pig /pɪg/   shop /ʃɒp/   sport /spɔːt/   spring /sprɪŋ/

■ 读句子，注意高亮部分的发音。

- Peter picked a pickle of peppers. 彼得拿着腌泡椒。

/'piːtə(r) pɪkt ə 'pɪkl əv 'pepə(r)z/

- Chop chop! Shake a leg! 快走快走！

/tʃɒp tʃɒp ʃeɪk ə leg/

04 本讲知识要点

相信自己的能力，你可以超越自己的极限！

Danny 老师
金句分享

✔ /p/ 的浊化

当字母组合 sp 位于同一个音节且重读时，位于字母 s 后的 /p/ 浊化，读 /b/ 的音。

- spot
- spark
- spread
- space
- spare
- spy

05 实战演练

- Please pack the purple paper plates properly.
- The parrot perched on a patch of prickly pears.
- Paula painted a pretty picture of a pony.
- Penny purchased a pair of pink pumps for the party.

扫码收听
本讲音频

第 22 讲　爆破音 /b/

—— /b/ 的发音

01 发音示范

扫码看发音口
形示范视频

02 Danny 老师的发音秘诀

首先紧闭双唇，憋气；

突然分开双唇，牙齿会随双唇运动，气流冲出
口腔的同时发出爆破音。

注意：/b/ 是浊辅音，声带振动。

03 常见字母及字母组合

b	bag	bad	job
bb	cabbage	rabbit	rubbish

■ 读单词，注意高亮部分的发音。

big /bɪg/

banana /bəˈnɑːnə/

beautiful /ˈbjuːtɪfl/

absorb /əbˈzɔːb/

■ 读句子，注意高亮部分的发音。

• Bob bought a big bag of buns. 鲍勃买了一大包馒头。

/bɒb bɔːt ə bɪg bæg əv bʌnz/

• What a beautiful building! 多么漂亮的建筑啊！

/wɒt ə ˈbjuːtɪfl ˈbɪldɪŋ/

04 本讲知识要点

成功源于坚持不懈的努力。

Danny 老师
金句分享

✔ /b/ 的发音

当元音之前有 /b/ 时，发音时声带振动，气流冲出口腔。

当元音之后有 /b/ 时，发音时弱化 /b/ 的音，轻声念，以柔和的方式释放气流。

• boy
• cab
• big
• lab
• bay
• cub
• beat
• tube

05 实战演练

• Ben's baby brother blew bubbles in the bathtub.
• Barbara brought baked beans to the barbecue.
• Bobby's black bicycle broke near the bridge.
• Bob bought a big blue balloon at the bakery.

扫码收听
本讲音频

第 23 讲　爆破音 /t/

—— /t/ 在不同位置的发音

01 发音示范

扫码看发音口
形示范视频

02 Danny 老师的发音秘诀

嘴巴微微张开，舌尖先紧贴上齿龈，憋住气；

舌尖迅速下降，使气流冲出口腔，形成爆破音。

注意：/t/ 是清辅音，声带不振动，只能听到气流的声音。

03 常见字母及字母组合

t	tooth	tie	tea
tt	letter	little	better

■ 读单词，注意高亮部分的发音。

time /taɪm/　　　let /let/　　　together /təˈɡeðə(r)/　　　stop /stɒp/

curtain /ˈkɜːtn/　　mountain /ˈmaʊntən/　　　　　Britain /ˈbrɪtn/

■ 读句子，注意高亮部分的发音。

• What time is it now? 现在几点了？

　/wɒt taɪm ɪz ɪt naʊ/

• A little bit more time. 再多一点儿时间。

　/ə ˈlɪtl bɪt mɔː(r) taɪm/

04 本讲知识要点

机会总是留给那些有准备的人。

Danny 老师
金句分享

✔ /t/ 在不同位置的发音

/t/ 出现在单词开头时，正常发 /t/，声带振动，气流冲出口腔。

/t/ 出现在单词末尾时，在日常的英语交谈中，/t/ 通常不发音，将舌尖抵住上齿龈憋住气，不用将舌尖弹开。

• time

• tag

• take

• fit

• hit

• hat

05 实战演练

• The teacher taught us about the history of human.

• The little girl wears a pink hat and a shirt.

• The waiter brought the hot tea to the table.

• I have to meet my friend at the library at ten.

扫码收听
本讲音频

第 24 讲　爆破音 /d/

——单词的重读

01 发音示范

扫码看发音口
形示范视频

02 Danny 老师的发音秘诀

嘴巴张开，舌尖紧贴上齿龈，憋气；

舌尖迅速下降，使气流冲出口腔，同时声带振动发出声音。

注意：/d/ 是浊辅音，声带振动，送气力量较弱。

03 常见字母及字母组合

d	dog	desk	bed
dd	add	sudden	riddle

- 读单词，注意高亮部分的发音。

  dark /dɑ:k/

  administer /əd'mɪnɪstə(r)/

  hard /hɑ:d/

  advertisement /əd'vɜ:tɪsmənt/

- 读句子，注意高亮部分的发音。

  - Dare to be different. 敢于与众不同。

    /deə(r) tu: bi: 'dɪfrənt/

  - Diligence dismisses despondency. 勤奋驱散了消沉。

    /'dɪlɪdʒəns dɪs'mɪsɪz dɪ'spɒndənsi/

04 本讲知识要点

学如逆水行舟，不进则退。

Danny 老师
金句分享

✔ 单词的重读

单词在哪里重读，可以通过看音标的重音符号了解，如 /ˌpɒpju'lærəti/，重音符号在 /læ/ 的右上方，则这个音节重读，/pɒ/ 的左下方有一个次重音符号，表明这里次重读。

还可以根据单词的音节判断单词在哪里重读。一般来说，单音节词全部重读；在双音节词中，动词倾向于第二个音节重读，名词倾向于第一个音节重读；多音节词一般倾向于倒数第三个音节重读。

单音节词：
- seat
- hat

双音节词：
- decide
- brother

多音节词：
- beautiful
- geographic

05 实战演练

- I decided to add some delicious dates to the salad.
- The students had a heated debate during the discussion.
- The sudden sound of thunder scared the child.
- The doctor's advice did wonders for his health.

扫码收听
本讲音频

第 25 讲　爆破音 /k/

——/k/ 的浊化

01 发音示范

扫码看发音口
形示范视频

02 Danny 老师的发音秘诀

　　首先舌头后部隆起，紧贴软腭，憋住气，使气
流通道完全阻塞；

　　然后嘴巴张开，舌后部迅速降低，抵住软腭的
舌头离开软腭，气流突然冲出口腔。

　　注意：/k/ 是清辅音，声带不振动。

03 常见字母及字母组合

c	come	car	call
ch	chaos	chemistry	school
k	kite	book	make

- 读单词，注意高亮部分的发音。

cook /kʊk/　　cake /keɪk/　　school /skuːl/　　ache /eɪk/

- 读句子，注意高亮部分的发音。
  - Check it out. 来看看。

    /tʃek ɪt aʊt/
  - I book a cook in New York. 我在纽约预订了一名厨师。

    /aɪ bʊk ə kʊk ɪn njuː jɔːk/

04 本讲知识要点

每一次努力都向梦想迈进了一步。

Danny 老师
金句分享

 /k/ 的浊化

当 /k/ 位于 /s/ 后并出现在单词的重读音节时，/k/ 浊化为 /g/。

- scare
- scan
- skate
- skyline
- scholar
- scale

05 实战演练

- The black cat climbed up the tall tree.
- Kate cooked a delicious cake for her friend's birthday.
- The kids played soccer in the park.
- Mark walked to the kitchen to get a drink of water.

扫码收听
本讲音频

第 26 讲 爆破音 /g/
——句子的重音

01 发音示范

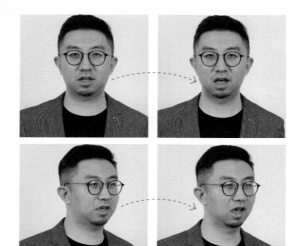

扫码看发音口
形示范视频

02 Danny 老师的发音秘诀

嘴巴张开，将舌后部隆起，紧贴软腭，憋气；

然后舌后部迅速降低，使气流冲出口腔，同时声带振动发出声音。

注意：/g/ 是浊辅音，声带振动，送气力量较弱。

03 常见字母及字母组合

g	good	game	wig	wag

■ 读单词，注意高亮部分的发音。

bug /bʌg/   girl /gɜːl/   younger /'jʌŋɡə(r)/

■ 读句子，注意高亮部分的发音。

- A big bug bit a big pig. 一只大虫咬了一头大猪。

  /ə bɪg bʌg bɪt ə bɪg pɪg/

- Good morning. 早上好。

  /ɡʊd 'mɔːnɪŋ/

04 本讲知识要点

勇敢追求梦想，相信自己，你就离成功
更近了一步。

Danny 老师
金句分享

✔ 句子的重音

英语句子跟英语单词一样，也有重音。
一般来说，实词通常重读，虚词不重读。
实词指名词、动词、形容词、副词和数词
等；虚词指介词、连词、冠词、代词等。

- Could you tell me where the classroom is?
- I usually get up at seven on the weekend.
- Young people spend much time on their phones every day.
- I am going to watch movies with my friends tonight.

05 实战演练

- Greg played the guitar at the gig last night.
- The big garden is full of green grass and colorful flowers.
- Maggie hugged her grandfather tightly.
- The girl giggled when she saw the big pig.

扫码收听
本讲音频

第 27 讲　摩擦音 /f/

——相同嘴形音相遇的发音原则

01 发音示范

扫码看发音口
形示范视频

02 Danny 老师的发音秘诀

发音时，上齿轻触下唇，把口腔中的空气透过唇齿间的缝隙挤压出来摩擦成音。

注意：/f/ 是清辅音，声带不振动。

03 常见字母及字母组合

gh	enough	tough	laugh
ph	phone	photo	physical
f	chef	five	fork

■ 读单词，注意高亮部分的发音。

laugh /lɑːf/　　cough /kɒf/　　face /feɪs/

off /ɒf/　　phone /fəʊn/

■ 读句子，注意高亮部分的发音。

- This chef has five forks. 这位厨师有五把叉子。

  /ðɪs ʃef hæz faɪv fɔːks/

- My wife cooks good. 我妻子厨艺不错。

  /maɪ waɪf kʊks gʊd/

04 本讲知识要点

学习是一场持久战，只有不断进步和
改进才能靠近成功的目标。

Danny 老师
金句分享

✔ 相同嘴形音相遇的发音原则

摩擦音碰到辅音一般仍需发音，但
如果碰到相同嘴形发音，通常保留后面的
音，摩擦音不发音。

- I have fifty-five friends.
- I laugh very naive.
- I love furry things.
- Steve founded a company.

05 实战演练

- The chef prepared a flavorful fish dish for dinner.
- Frank has a favorite bookshelf filled with fantasy novels.
- The firefighter bravely fought the blazing fire.
- The family went for a fun-filled day at the fair.

扫码收听
本讲音频

第 28 讲　摩擦音 /v/

——/j/ 在英式英语中的不省略原则

扫码看发音口
形示范视频

 01 发音示范

 **02 Danny 老师的发音秘诀**

　　发音时，上齿轻触下唇，气流从口腔通过唇齿间的缝隙引起摩擦，同时振动声带发出声音。

　　注意：/v/ 是浊辅音，声带振动。

 **03 常见字母及字母组合**

v	van	vest	violin
	brave	love	river

■ 读单词，注意高亮部分的发音。

very /ˈveri/　　view /vjuː/　　cave /keɪv/

have /hæv/　　avenue /ˈævənjuː/

■ 读句子，注意高亮部分的发音。

• Very well. 非常好。

/'veri wel /

• The visitors visited five villages. 参观者参观了五个村庄。

/ðə 'vɪzɪtə(r)z 'vɪzɪtɪd faɪv 'vɪlɪdʒɪz/

04 本讲知识要点

遇到困难时，要保持积极乐观的心态，相信自己能够解决问题。

Danny 老师
金句分享

✔ /j/ 在英式英语中的不省略原则

字母 u 和字母组合 ew 在 /d/、/n/、/t/ 之后，美音会省略 /j/ 读 /uː/，而英音倾向于读 /juː/。

• produce   duty
• new   knew
• Tuesday   student

05 实战演练

• Victor loves to play the violin in the village orchestra.
• The vocation was filled with visits to various vibrant cities.
• The voice over artist recorded a voice over for a video game.
• The visitors enjoyed the beautiful view of the valley from the viewpoint.

扫码收听
本讲音频

第 29 讲 摩擦音 /s/
——"辅音 + 元音"的连读

扫码看发音口
形示范视频

01 发音示范

02 Danny 老师的发音秘诀

发音时上下齿自然合拢，嘴唇微开，舌前部抬
起，将口腔中的空气从窄缝中泄出发"嘶"音。

注意：/s/ 是清辅音，声带不振动。

03 常见字母及字母组合

s	school	sky	cooks
ss	miss	chess	bless
c	face	city	peace
sc	muscle	science	scene

■ 读单词，注意高亮部分的发音。

sick /sɪk/　　　cell /sel/　　　kiss /kɪs/

books /bʊks/　　muscle /ˈmʌsl/

■ 读句子，注意高亮部分的发音。

• The books look good. 这些书看起来很不错。
  /ðə bʊks lʊk ɡʊd/

• The books sell well. 这些书卖得很好。
  /ðə bʊks sel wel/

04 本讲知识要点

成功需要付出努力，没有什么是一蹴而就的，坚持下去才会有收获。

Danny 老师
金句分享

✔ "辅音 + 元音" 的连读

两个相邻的单词，当前一个单词以辅音音素结尾，而后一个单词以元音音素开头时，将这个辅音与元音一起拼读。

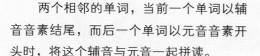

• look out　　　• afraid of
• turn off　　　• fall in love
• look at　　　• look after

05 实战演练

• Susan's sister sells seashells by the seashore.
• Sam wore a smart suit to the social event.
• Sarah saw a snake slithering silently across the sand.
• Selina studied hard for her science test.

扫码收听
本讲音频

第30讲 摩擦音 /z/
——名词复数的读音（一）

扫码看发音口
形示范视频

01 发音示范

02 Danny 老师的发音秘诀

发音时微微张开嘴巴，上下齿自然合拢，舌尖抬起，靠近齿龈，气流由舌尖与齿龈之间的窄缝中泄出，同时振动声带。

注意：/z/ 是浊辅音，声带振动。

03 常见字母及字母组合

z	zebra	zero	zipper
s	nose	pose	bags

■ 读单词，注意高亮部分的发音。

zoo /zuː/　　　choose /tʃuːz/　　　size /saɪz/

zero /'zɪərəʊ/　　bananas /bə'nɑːnəz/

■ 读句子，注意高亮部分的发音。

- I'm crazy about you. 我为你着迷。
  /aɪm 'kreɪzi ə'baʊt juː/

- There are bananas and books. 那里有一些香蕉和书。
  /ðeə ɑː bə'nɑːnəz ænd bʊks/

04 本讲知识要点

用行动证明自己的能力，不要依赖别人的评价来决定自己的价值。

Danny 老师
金句分享

✔ 名词复数的读音（一）

名词变复数一般在单词后加 -s，-s 位于清辅音后，发 /s/。

-s 位于浊辅音或元音后时，发 /z/。

- socks
- ducks
- lamps
- pens
- dreams
- radios

- locks
- ships
- rocks
- bees
- boys
- legs

05 实战演练

- The zookeeper fed the zebras in the zoo.
- Zach's cousin plays jazz music.
- The lazy lizard lazily lounged on a log.
- The buzzing bees collected nectar from the flowers.

扫码收听
本讲音频

第31讲 咬舌音 /θ/ 与 /ð/

扫码看发音口
形示范视频

01 发音示范

/θ/

/ð/

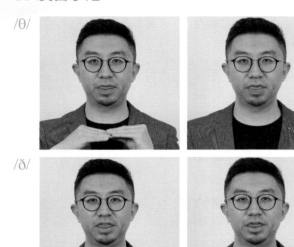

02 Danny 老师的发音秘诀

/θ/: 舌尖微微伸出，置于上下门齿之间，舌身
呈扁平状；

气流由舌齿间泻出，摩擦成音，舌尖和下齿之
间的气流通道非常窄小，气流从舌齿间的窄缝中泄出。

注意：/θ/ 是清辅音，声带不振动，发这个音时要注意上齿轻触舌尖。

/ð/: 舌尖微微伸出，略微露出齿外，置于上下门齿之间，舌身呈扁平状；气流从舌齿间的窄缝中泄出，同时声带振动发出 /ð/ 这个音。

注意：/ð/ 是浊辅音，声带振动。

03 常见字母及字母组合

th	think	thing	thin
	this	that	there

■ 读单词，注意高亮部分的发音。

thank /θæŋk/   bath /bɑːθ/   enthusiastic /ɪnˌθjuːziˈæstɪk/

there /ðeə(r)/   that /ðæt/   mother /ˈmʌðə(r)/   the /ðə/

■ 读句子，注意高亮部分的发音。

• My mother and father went through thick and thin together. 我的母亲和父亲一起经历了风风雨雨。

/maɪ ˈmʌðə(r) ænd ˈfɑːðə(r) went θruː θɪk ænd θɪn təˈgeðə(r)/

• Thank you so much. 非常感谢你。

/θæŋk ju: səʊ mʌtʃ/

成功的秘诀在于持之以恒，不轻言放弃自己的梦想。

Danny 老师
金句分享

04 实战演练

• Ethan thoughtfully thanked his thoughtful friend for the gift.

• Thirty-three thousand thirsty thistles thoughtlessly thrust their thorny tongues.

• Whether the weather is sunny or cloudy, we will gather together for a family gathering.

• My father and my mother bought this shirt and that pair of shorts.

扫码收听
本讲音频

第 32 讲　小狗喘气音 /h/
——击穿技巧（二）

扫码看发音口
形示范视频

01 发音示范

02 Danny 老师的发音秘诀

张开嘴巴，让气流自由溢出口腔，不受阻碍；
只在通过声门时形成轻微的摩擦，舌头和嘴唇
的位置随其后的元音而变化。

注意：/h/ 是清辅音，声带不振动，也是声门音，送气很大。可以拿一张白纸
放在嘴前，感受一下气流。

不要发成中文中的"喝"。

03 常见字母及字母组合

h	her	hair	here
wh	who	whole	whose

■ 读单词，注意高亮部分的发音。

who /huː/　　　home /həʊm/　　　hi /haɪ/

■ 读句子，注意高亮部分的发音。

• Her hair is grey. 她的头发花白。

/hə heə(r) ɪz greɪ/

• How are you? 你好吗？

/haʊ ɑː juː/

04 本讲知识要点

不要担心别人的成功或者失败，关注自己的行动和进步。

Danny 老师
金句分享

✔ 击穿技巧（二）

当以字母组合 th 开头的单词能直接与前面以辅音音素结尾的单词形成连读时，th 不发音，后面单词的元音直接与前面单词的辅音连读。

• take them　　　• leave them
• saw them　　　• like them
• tell them　　　• find them

05 实战演练

• The hot tea helped to warm her hands.
• He held his hat tightly as the wind howled.
• How much are the high heels?
• Happy Harry played with his friends happily.

扫码收听
本讲音频

第 33 讲　小卷舌音 /r/

——can 的发音

扫码看发音口
形示范视频

01 发音示范

02 Danny 老师的发音秘诀

双唇略张开并收圆，稍突出；

舌尖卷起，靠近上齿龈后部，舌两侧贴住上齿龈两侧；

气流通过舌尖及上齿龈后背部形成轻微的摩擦，同时振动声带发出 /r/ 音。

注意：/r/ 是浊辅音，声带振动。

03 常见字母及字母组合

r	ride	read	write
rr	lorry	carrot	marry

■　读单词，注意高亮部分的发音。

right /raɪt/　　red /red/　　correct /kəˈrekt/

■ 读句子，注意高亮部分的发音。

- Robin rides a red lorry. 罗宾驾驶着一辆红色货车。

  /'rɒbɪn raɪdz ə red 'lɔ:rɪ/

- Mary can read and write. 玛丽能读能写。

  /'meəri kæn ri:d ænd raɪt/

04 本讲知识要点

人生没有终点，只有不断追求进步的旅程。

Danny 老师
金句分享

✔ can 的发音

在肯定句中，can 读作 /kæn/；在否定句中否定形式 can't 读作 /kɑ:nt/。

- I can dance.
- I can't dance.
- I can sing.
- I can't sing.

05 实战演练

- Randy the raccoon raced through the forest, chasing a ripe raspberry.
- Rachel's brother Ryan likes to roar like a roaring lion.
- Rory's red roller skates rattled on the rough road.
- Rebecca's rabbit ran rapidly and recklessly around the garden.

扫码收听
本讲音频

第 34 讲 大卷舌音 /l/

——"/d/ 或 /t/ + /l/" 的略读

01 发音示范

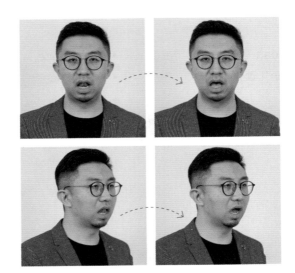

扫码看发音口
形示范视频

02 Danny 老师的发音秘诀

/l/ 是浊辅音，声带振动发音。它的发音有两种情况，根据它所出现位置的不同会发出两种不太一样的音。

/l/ 后 + 元音：发音时，舌尖紧贴上齿龈，气流从舌的两侧泄出，在下一个音即将发出时舌头离开上齿龈，迅速下落，此时称它为清晰 /l/。

/l/ 在词尾或 "/l/ + 辅音"：发音时，舌尖抵上齿龈，舌根下凹后缩，舌头不需要下落，此时称它为含糊 /l/。

03 常见字母及字母组合

l	like	large	bottle
ll	lollipop	tell	small

- 读单词，注意高亮部分的发音。

  life /laɪf/   slice /slaɪs/   world /wɜːld/

  ball /bɔːl/   English /ˈɪŋglɪʃ/

- 读句子，注意高亮部分的发音。

  - Larry likes large bottles. 拉里喜欢大瓶子。

    /ˈlærɪ laɪks lɑːdʒ ˈbɒtlz/

  - This is a small world. 这是一个小小的世界。

    /ðɪs ɪz ə smɔːl wɜːld/

04 本讲知识要点

每天进步一点点，你将来会感谢自己今天的付出。

Danny 老师
金句分享

✔ "/d/ 或 /t/+/l/" 的略读

当 /d/ 或者 /t/ 后面紧跟着 /l/ 时，则 /d/ 或者 /t/ 不发音，直接读 /l/。

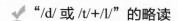

- badly
- sadly
- rapidly
- exactly
- directly
- fluently

05 实战演练

- Linda likes to eat lollipops and jelly lollies.
- The little girl carefully placed the seashell on the tall bookshelf.
- Louis and Luke love to travel to long destinations.
- People still loved that bad guy.

扫码收听
本讲音频

第 35 讲 噘嘴音 /tʃ/

——/tʃ/ 的特殊连读

扫码看发音口
形示范视频

01 发音示范

02 Danny 老师的发音秘诀

双唇微张向前突出，略呈圆形；

舌尖抬起贴住上齿龈后部，憋住气；

然后舌尖稍稍下降，气流从舌头和齿龈间的狭缝中冲出，摩擦成音。

注意：/tʃ/ 是清辅音，声带不振动。

03 常见字母及字母组合

ch	rich	teach	chip
tch	watch	catch	witch

■ 读单词，注意高亮部分的发音。

match /mætʃ/   chin /tʃɪn/   nature /'neɪtʃə(r)/   much /mʌtʃ/

■ 读句子，注意高亮部分的发音。

- Cheap chip shop sells cheap chips. 廉价薯片店出售廉价薯片。

/tʃiːp tʃɪp ʃɒp selz tʃiːp tʃɪps/

- Watch that match on TV! 在电视上看那场比赛！

/wɒtʃ ðæt mætʃ ɒn ˌtiː 'viː/

04 本讲知识要点

成功没有捷径，只有坚持不懈的努力
和持久的耐心。

Danny 老师
金句分享

✔ /tʃ/ 的特殊连读

相邻的两个词，如果前一个单词以 /t/
或 /ts/ 结尾，后一个单词以 /j/ 开头，那么
这两个音可以连读为 /tʃ/。

- Tell me more about you.
- I can't stop thinking about you.
- What's your phone number?
- What's your address?

05 实战演练

- The children cheered as they watched the magic.
- She reached for the chocolate chip on the top shelf.
- I choose a Chinese restaurant for our lunch.
- You will get a chance if you change your mind.

扫码收听
本讲音频

第 36 讲　嘬嘴音 /ʃ/
——/ʃ/ 的特殊连读

扫码看发音口
形示范视频

01 发音示范

02 Danny 老师的发音秘诀

　　发音时上下齿自然合拢，嘴唇张开收圆，舌尖抬起，靠近齿龈后部，舌身抬起，靠近上腭，气流通过口腔时摩擦成音。

　　注意：/ʃ/ 是清辅音，声带不振动。

03 常见字母及字母组合

sh	sheep	shop	shoe
tion	nation	action	pollution

■ 读单词，注意高亮部分的发音。

ship /ʃɪp/　　motion /ˈməʊʃn/　　social /ˈsəʊʃl/　　sure /ʃʊə(r)/

■ 读句子，注意高亮部分的发音。

- She shakes a leg for sake of catching the ship.
  她迅速行动是为了赶上那艘船。
  /ʃiː ʃeɪks ə leg fɔː(r) seɪk əv ˈkætʃɪŋ ðə ʃɪp/
- She found two sheep. 她发现了两只绵羊。
  /ʃiː faʊnd tuː ʃiːp/

04 本讲知识要点

不要去与他人比较，你的竞争对手是昨天的自己。

Danny 老师
金句分享

✔ /ʃ/ 的特殊连读

相邻的两个单词，如果前一个单词以 /s/ 结尾，后一个单词以 /j/ 开头，那么这两个音可以连读为 /ʃ/。

- I miss you a lot.
- I want to hug you and kiss you.
- Bless you.
- I have set new goals to achieve this year.

05 实战演练

- She sells seashells by the seashore, shining and shimmering in the sunshine.
- A shepherd and his sheep sheltered from the storm under a shaking tree.
- The fishermen shared stories of their successful shark fishing adventures.
- The shopkeeper shuffled and shelved the shirts with care.

扫码收听
本讲音频

第 37 讲 嘬嘴音 /dʒ/

——/dʒ/ 的特殊连读

扫码看发音口形示范视频

01 发音示范

02 Danny 老师的发音秘诀

双唇向前突出，略呈圆形，牙齿基本闭合；
舌尖抬起贴住上齿龈后部，憋住气；
舌尖稍稍下降，气流从舌头和齿龈间的狭缝冲出，同时声带振动。

注意：/dʒ/ 是浊辅音，声带振动。发这个音时，用舌尖去顶齿龈，整体舌位不靠前。

03 常见字母及字母组合

j	jeep	jacket	joy
g	cage	change	garbage
dge	bridge	edge	fridge

- 读单词，注意高亮部分的发音。

job /dʒɒb/   age /eɪdʒ/

education /ˌedʒu'keɪʃn/   judge /dʒʌdʒ/

- 读句子，注意高亮部分的发音。

• You did a good job! 你做得很好！

/ju: dɪd ə gʊd dʒɒb/

• I graduated from Cambridge. 我毕业于剑桥大学。

/aɪ 'grædʒueɪtɪd frɒm 'keɪmbrɪdʒ/

04 本讲知识要点

勇敢面对困难，挑战自己，并相信你有
能力克服一切。

Danny 老师
金句分享

✔ /dʒ/ 的特殊连读

相邻的两个单词，如果前一个单词以
/d/ 结尾，后一个单词以 /j/ 开头，那么这
两个音可以连读为 /dʒ/。

• Would you like a cup of tea?
• Could you help me with English?
• Did you finish your homework?
• I need your help.

05 实战演练

• John lost his job a few days ago.
• A strange man in a jacket got into a jeep.
• John enjoyed listening to jazz music on his long drive.
• The manager urged the employees to finish the task.

扫码收听
本讲音频

第 38 讲　嚯嘴音 /ʒ/

—— /ʒ/ 的特殊连读

扫码看发音口
形示范视频

01 发音示范

02 Danny 老师的发音秘诀

双唇略微向前突出，略呈长方形；

将舌尖抬起，靠近齿龈后部，但不要贴住；

舌身抬起，靠近上腭，形成狭长的通道，气流通过通道时摩擦，同时声带振动发声。

注意：/ʒ/ 是浊辅音，声带振动。

03 常见字母及字母组合

s	measure	treasure	pleasure
ge	genre	rouge	massage

■ 读单词，注意高亮部分的发音。

vision /'vɪʒən/   usual /'juːʒuəl/

pleasure /'pleʒə/   rouge /ruːʒ/

■ 读句子，注意高亮部分的发音。

- I usually go there by bus. 我通常坐公共汽车去那里。
  /aɪ 'juːʒuəli gəu ðeə(r) baɪ bʌs/

- My pleasure. 我的荣幸。/ 乐意之至。
  /maɪ 'pleʒə(r)/

04 本讲知识要点

知识是通向成功之路的钥匙，持续学习是开启成功大门的方法。

Danny 老师
金句分享

✔ /ʒ/ 的特殊连读

相邻的两个单词，如果前一个单词以 /z/ 结尾，后一个单词以 /j/ 开头，那么这两个音可以连读为 /ʒ/。

- Where's your English book?
- When's your class?
- Does your mother speak Chinese?
- Is your father a teacher?

05 实战演练

- George placed his broken televisions in the garage.
- In his garage there have been three broken televisions.
- The leisurely pleasure at the leisure center was a leisure activity.
- It was a pleasure to witness his usual vision come to life.
- The television broadcast measured the pleasure of the audience as they discovered the hidden treasure.

扫码收听
本讲音频

第 39 讲　双辅音 /tr/

——常见的缩略形式

01 发音示范

扫码看发音口形示范视频

02 Danny 老师的发音秘诀

　　发音时双唇稍稍突出，略呈圆形，舌身保持发 /r/ 的姿势，发出短促的 /t/ 后立即发 /r/。

　　注意：/tr/ 是清辅音，声带不振动。

03 常见字母及字母组合

tr	train	track	travel

■ 读单词，注意高亮部分的发音。

tree /triː/

street /striːt/

astronomy /əˈstrɒnəmi/

country /ˈkʌntri/

■ 读句子，注意高亮部分的发音。

• I'll treasure this travel. 我会珍惜这次旅行。

/aɪl ˈtreʒə(r) ðɪs ˈtrævl/

• The train is on the track. 火车已驶入轨道。

/ðə treɪn ɪz ɒn ðə træk/

04 本讲知识要点

梦想不能止于梦想，只有付诸行动才能实现。

Danny 老师
金句分享

✔ 常见的缩略形式

英语中的缩略形式主要是人称代词（主格形式）与系动词、助动词、情态动词缩略；疑问词与系动词缩略；系动词、助动词和情态动词与 not 缩略而成。

• I/she/he will=I'll/she'll/he'll

• I am=I'm

• she/he is=she's/he's

• we/they are=we're/they're

• what/when/where is=what's/when's/where's

• is/have/would/can not=isn't/haven't/wouldn't/can't

05 实战演练

• Three tricky tigers trotted through the trees.
• Trevor tried to track the train on time.
• Triplets Tracy and Trevor trudged through the trail.
• Trevor's tricycle traveled through the treacherous terrain.

扫码收听
本讲音频

第 40 讲　双辅音 /dr/
——/t/ 的浊化

01 发音示范

扫码看发音口
形示范视频

02 Danny 老师的发音秘诀

　　发音时双唇稍稍突出，略呈圆形，舌身保持发
/r/ 的姿势，发出短促的 /d/ 后立即发 /r/。

　　注意：/dr/ 是浊辅音，声带振动。

03 常见字母及字母组合

dr	drink	drive	draw

- 读单词，注意高亮部分的发音。

dream /driːm/   hundred /'hʌndrəd/

dress /dres/   dry /draɪ/

- 读句子，注意高亮部分的发音。
  - Don't drink and drive. 不要酒后驾车。

    /dəʊnt drɪŋk ænd draɪv/
  - I have a trip on the street. 我在街上旅行。

    /aɪ hæv ə trɪp ɒn ðə striːt/

04 本讲知识要点

每一次努力都是为了让自己变得更好，不要停止追求进步。

Danny 老师
金句分享

✔ /t/ 的浊化

当字母组合 st 位于同一音节且重读时，/t/ 浊化为 /d/，这种现象也发生在双辅音中，/tr/ 念 /dr/。

- strike
- stroke
- street

- strength
- stretch
- strong

05 实战演练

- The drummers drummed. The druggers hate the drummers' drums, so the druggers drugged the drummers.
- The dreadful drought dried up the rivers and drained the reservoirs.
- Draw the dragon drawing with a daring and dramatic stroke.
- The driver in the red dress drove the car through the crowded street.

扫码收听
本讲音频

英式发音 46讲

第41讲 双辅音 /ts/

——名词复数的读音（二）

扫码看发音口
形示范视频

01 发音示范

02 Danny 老师的发音秘诀

上下齿自然合拢，嘴唇不要张得太大；

舌尖贴住齿龈，堵住气流；

然后舌尖略微下降，气流随之泄出。

注意：/ts/ 是清辅音，声带不振动。

03 常见字母及字母组合

ts	hats	tests	rats

■ 读单词，注意高亮部分的发音。

nuts /nʌts/　　boots /buːts/　　it's /ɪts/　　what's /wɒts/

■ 读句子，注意高亮部分的发音。

- What's the matter? 怎么了？

  /wɒts ðə ˈmætə(r)/

- Good looks and good boots. 外观漂亮，靴子也不错。

  /ɡʊd lʊks ænd ɡʊd buːts/

04 本讲知识要点

拥有勇气去追求自己的梦想，即使
道路艰辛，也值得一试。

Danny 老师
金句分享

✔ 名词复数的读音（二）

名词复数一般在词尾加 -s，以字母 t
结尾的单词为例，/s/ 在 /t/ 后与 /t/ 连在一
起读成 /ts/；

以字母 d 结尾的单词为例，/s/ 在 /d/
后与 /d/ 连在一起读成 /dz/。

- coats
- boats
- streets
- hands
- minds
- birds

- plants
- fruits
- baskets
- beds
- ends
- pounds

05 实战演练

- The students were excited to receive their test results.
- The rabbits like carrots the best.
- She collects many different hats and mats.
- People wear boots and jackets in rainy days.

扫码收听
本讲音频

第 42 讲　双辅音 /dz/
——名词复数的读音（三）

扫码看发音口
形示范视频

01 发音示范

02 Danny 老师的发音秘诀

舌尖贴住齿龈，堵住气流；

舌头略微下降，气流随之泄出形成破擦音，同时声带振动。

注意：/dz/ 是浊辅音，声带振动。

03 常见字母及字母组合

| ds | hands | seeds | roads |

■ 读单词，注意高亮部分的发音。

goods /gʊdz/　　woods /wʊdz/　　birds /bɜːdz/　　friends /frendz/

■ 读句子，注意高亮部分的发音。

• My friends are going home. 我的朋友们要回家了。

/maɪ frendz ɑ:(r) 'ɡəʊɪŋ həʊm/

• The birds are singing. 鸟儿在歌唱。

/ðə bɜːdz ɑ:(r) 'sɪŋɪŋ/

04 本讲知识要点

永远相信自己的能力，相信付出努力
终将收获美好的未来。

Danny 老师
金句分享

✔ 名词复数的读音（三）

以 s, x, sh, ch 结尾的单词，复数形式在其后加 -es，读 /ɪz/。

以 o 结尾的单词，其复数形式变化规则为表示有生命的单词后加 -es，无生命的单词后加 -s，读 /z/。

以辅音字母加 y 结尾的单词，变 y 为 i 再加 -es；以元音字母加 y 结尾的单词，直接加 -s，读 /z/。

以 f 或 fe 结尾的单词，变 f 或 fe 为 v 再加 -es，读 /vz/。

• buses
• dishes
• potatoes
• photos
• stories
• boys
• lives
• knives

• boxes
• peaches
• tomatoes
• pianos
• families
• days
• leaves
• thieves

不规则变化

• foot—feet
• mouse—mice

• man—men
• fish—fish

05 实战演练

• The kids like flying kites on weekends in spring.
• She needs to buy some new cards for the game.
• He stands there with his hands crossed.
• A lot of birds fly into the herds.

扫码收听
本讲音频

第43讲 前鼻音 /n/
——字母 n 在不同位置上的发音

扫码看发音口
形示范视频

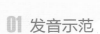 发音示范

02 Danny 老师的发音秘诀

微微张开嘴巴，舌尖紧贴上齿龈，形成阻碍，气流从鼻腔泄出，同时声带振动发出声音。

注意：/n/ 是浊辅音，声带振动。/n/ 和 /m/ 是同一组浊辅音。不同的是 /m/ 是"闭嘴音"，而 /n/ 是"开口音"。

03 常见字母及字母组合

n	name	nail	nurse
nn	runner	winner	dinner
kn	know	knee	knife

- 读单词，注意高亮部分的发音。

sun /sʌn/   front /frʌnt/   on /ɒn/   sunny /'sʌni/

- 读句子，注意高亮部分的发音。
  - This one is good. 这个不错。

    /ðɪs wʌn ɪz gʊd/
  - It's a lot of fun. 这很有趣。

    /ɪts ə lɒt əv fʌn/

04 本讲知识要点

学无止境，不管年龄大小都要持续学习、不断成长。

Danny 老师
金句分享

✔ 字母 n 在不同位置上的发音

字母 n 在元音前发类似汉语拼音 n 的发音，舌尖上扬，抵住上齿龈，振动声带。

字母 n 在元音后发类似中文"嗯"的音，舌尖上扬，抵住上齿龈。

- night   • kind
- no   • dean
- know   • scan

05 实战演练

- My name is Tony, and I was named after my grandfather.
- Next to nobody understands the reason of the problem.
- There is no need to know that man's name.
- Nancy likes running in the morning.

扫码收听
本讲音频

第 44 讲 中鼻音 /m/

——常见的动词加 -ing 规则

扫码看发音口
形示范视频

01 发音示范

02 Danny 老师的发音秘诀

　　双唇闭拢，舌头自然放平，软腭下垂，气流从鼻腔泄出，同时振动声带。

　　注意：/m/ 是浊辅音，声带振动。发声时一定是闭拢双唇，同时会感觉嘴唇也在一起振动。

03 常见字母及字母组合

m	my	me	mad	marry

■ 读单词，注意高亮部分的发音。

man /mæn/　　　name /neɪm/　　　I'm /aɪm/　　　mum /mʌm/

■ 读句子，注意高亮部分的发音。

- My mother's making me marry Mary. 我妈妈要我娶玛丽。

  /maɪ 'mʌðə(r)z 'meɪkɪŋ mi: 'mæri 'meəri/

- Don't make me mad. 别惹我生气。

  /dəʊnt meɪk mi: mæd/

04 本讲知识要点

每一次努力，都是自己不停进步的证明。

Danny 老师
金句分享

✔ 常见的动词加 -ing 规则

一般动词直接加 -ing：

以不发音字母 e 结尾的动词去掉 e，再加 -ing：

以重读闭音节结尾的动词且末尾只有一个辅音字母，双写最后的辅音字母，再加 -ing：

以 ie 结尾的动词变 ie 为 y，再加 -ing：

- wash—washing
- read—reading
- look—looking
- make—making
- write—writing
- use—using
- run—running
- swim—swimming
- begin—beginning
- lie—lying
- die—dying
- tie—tying

05 实战演练

- I scream; you scream; we all scream for ice cream.
- Max's mother made many mouthwatering muffins.
- Mary makes marvelous macarons on Mondays.
- Morgan's messy room is a mountain of mismatched items.

扫码收听
本讲音频

第45讲 后鼻音 /ŋ/

——后鼻音连读

01 发音示范

02 Danny 老师的发音秘诀

嘴唇张开，舌后部抬起贴住软腭，阻止气流从口腔泄出；
软腭下垂，气流从鼻腔泄出，同时振动声带。

注意：/ŋ/ 是浊辅音，声带振动。

03 常见字母及字母组合

n	pink	think	drink
ng	sing	song	thing

■ 读单词，注意高亮部分的发音。

sing /sɪŋ/   English /ˈɪŋglɪʃ/

younger /ˈjʌŋgə(r)/   singer /ˈsɪŋə(r)/

■ 读句子，注意高亮部分的发音。

- I can sing a song. 我会唱歌。
  /aɪ kæn sɪŋ ə sɒŋ/
- I'm trying to speak English. 我正在尽力说英语。
  /aɪm 'traɪɪŋ tu: spi:k 'ɪŋglɪʃ/

04 本讲知识要点

失败是暂时的，坚持是永恒的。

Danny 老师
金句分享

✔ **后鼻音连读**

当前一个单词以 /ŋ/ 结尾，后一个单词以元音音素开头，则这两个单词可以连读。

- Seeing is believing.
- What's going on?
- He can sing a song.
- I am a singer.

05 实战演练

- He thanked the king for the things the king had done for him.
- Singing songs in the evening sun brings joy to everyone.
- The young king's kingdom held a grand gathering of singers.
- The long-lasting longing for strong wings carried him through.

扫码收听
本讲音频

第46讲 半元音 /w/ 与 /j/

——常见的句子语调

扫码看发音口
形示范视频

01 发音示范

/w/

/j/

02 Danny 老师的发音秘诀

/w/: 双唇收得很圆很小，并向前突出，上下齿分开贴住嘴唇；

舌后部向软腭抬起，但不要抵住；

气流从双唇间摩擦而过，同时声带振动，发音短促，立刻向后面的元音滑动。

注意：/w/ 是半元音，半元音不能单独成音，不可以延长。

/j/: 双唇向两旁伸展呈扁平状；

舌前部向硬腭尽量抬起，不要抵住硬腭；

气流从舌和硬腭的缝隙间通过，同时声带需要振动，发音短促，立刻向后面的元音滑动。

注意：/j/ 是半元音，发音口形和元音 /iː/ 有点儿相似，但它仍然是辅音。元音可以单独成音，可以延长，半元音不可以单独成音，不可以延长。

03 常见字母及字母组合

w	wear	win	way
wh	what	why	white
y	yard	yellow	young
i	million	opinion	billion

■ 读单词，注意高亮部分的发音。

when /wen/　　　　　　wet /wet/

window /'wɪndəʊ/　　　where /weə/

yes /jes/　　　　　　　year /jɪə/

yellow /'jeləʊ/　　　　yacht /jɒt/

■ 读句子，注意高亮部分的发音。

- Where are we going? 我们要去哪儿？

  /weə ɑː wi 'gəʊɪŋ/

- What's your opinion? 你有什么意见？

  /wɒts jɔː ə'pɪnjən/

学海无涯，只有不断探索，才能登上高峰。

Danny 老师
金句分享

✔ 常见的句子语调

英语的基本语调有降调和升调。陈述句和特殊疑问句一般用降调，一般疑问句用升调。列举多个例子时，除最后一个用降调，其余部分的举例都用升调。

- I like this cake. (降调)
- Where are you? (降调)
- Is this your bag? (升调)
- There are apples, pears, and bananas. (先升调再降调)

05 实战演练

/w/

- Wendy went for a walk in the woods with her dog.
- Walter wore a warm winter coat to protect against the cold wind.
- The waiter welcomed us with a wide smile and a warm welcome.
- The wind whispered through the willow trees on the waterfront.

/j/

- Yellow yarn yields youthful yellow-yolked yuppies.
- You will not be young in ten years.
- I met a young boy in a yellow coat yesterday.
- Year after year, he is still alone.

扫码收听
本讲音频